ANTOLOGIA DOS MELHORES "NOVOS" POETAS AFRICANOS 10º Aniversário: Poetas Africanos Da Língua Portuguesa Selecionados

Edited by Lorna Telma Zita
Tendai R Mwanaka

Contributing editors: Hélder Simbad
Daniel Da Purifacação
Balddine Mousa
Nsah Mala
Geraldin Mpesse

Mwanaka Media and Publishing Pvt Ltd,
Chitungwiza Zimbabwe
*
Creativity, Wisdom and Beauty

Publisher: *Mmap*
Mwanaka Media and Publishing Pvt Ltd
24 Svosve Road, Zengeza 1
Chitungwiza Zimbabwe
mwanaka@yahoo.com
mwanaka13@gmail.com
https://www.mmapublishing.org
www.africanbookscollective.com/publishers/mwanaka-media-and-publishing
https://facebook.com/MwanakaMediaAndPublishing/

Distributed in and outside N. America by African Books Collective
orders@africanbookscollective.com
www.africanbookscollective.com

ISBN: 978-1-77933-851-8
EAN: 9781779338518

© Tendai Rinos Mwanaka 2024

All rights reserved.
No part of this book may be reproduced or transmitted in any form or by any means, mechanical or electronic, including photocopying and recording, or be stored in any information storage or retrieval system, without written permission from the publisher

DISCLAIMER
All views expressed in this publication are those of the author and do not necessarily reflect the views of *Mmap*.

Tabela de Conteúdos

Forma de ser: **Sonia Sousa**
Tenho Guardado uns Poemas: **Sábio Louco**
Promessas, Proibições & N'zaia
A Cair aos Pedaços mas... não, não
Desumanidade: **Katya Dos Santos**
Buscas
Sensação
Incrivel: **Dilen Alsungas Pandiera José**
Paisagem
Quando foi tomar banho: **António D. S. Domingos**
O primeiro filho dela é o Zé.
Mano Decimo: **Luciano Canhanga**
No Meu Imaginario
De Baixo da Ponte
Seguinda Feira: **Milton C. Andre**
Chama-me Peregrino
Poema, Poeta, Poesia: **Daniel da Purifacação**
Así como siento el aire pasar
Mais e mais
Nzira Flor de Africa: **Angelo Reis**
Eu Vou Voltar: **Claudia Cassoma**
Amor a Retalho
Hélder Simbad (Angola): Dramático?
Conto fantástico
Britos Adriano Baptista (Moçambique): Urgência
Confidência
 O preço do meu silêncio
Augusta Jorge (Angola): Filha das ruas
Sou este mundo
Bruno Santos (Angola): Despreso
Materia Viva
Carmona Polá Júnior (Moçambique): Cego Visionário

Cláudia, Minha Irmã
Odisseia dum Plebeu
Cátia Regina Correia (Angola/Brasil): Ser um Homem-Deus
Que Fazes da Vida
Cristina Ferreira (Angola): Alguém Te Vê Como Mulher
A Carta
Edgar Ginga (Angola): Ele Nunca Disse Te Amo
 Minha sedução
Albano Epalanga (Angola): Vida Aliciada
Abismo profundo
Evaristo Fernando (Moçambique): Meu Barco de Papel
Metamorfose Xenófóba!
Fabious Benfiquista (Angola): Negra
Angola
Seria Bom
Fernando Palaia (Angola/Cuba): Vocês me tornaram assim
Guilson Silvano Saxingo (Angola): Maus trilhos de África
Cidade diamante
Ismael Farinha (Angola): Minutos Recordes
A Morte
Joel Fernandes (Angola): A carta das lagrimas
Lorna Telma Zita (Moçambique): Amar é loucura
A prostituta
Por quê querem que eu me cale?
Magno Domingos (Angola): Poema 1
Poema II
Poema III
Marcelo Pedro (Moçambique): Criatividade
Erógeno
Televivência
Márcia Rosel Chambule (Moçambique): Desafoga-Te
Revolta
Entusiasmo
Mohamed Canhanga (Angola): Sei que te escondes por aí
Escritos Libertários
Quinta-Feira
Ngonga Salvador Luciano (Angola): Se eu parar pra pensar

Obedes Lobadias (Moçambique): O Mundo
Folha Dos Ventos
Ininteligível
Orlando Joaquim Ussaque (Moçambique): Um ocidente em mim
Resolução
Rosa Ribeiro (Angola/Portugal): Paisagem
Soberano Canhanga (Angola): Faixa de Gaja
Conte(...)São
Sonia Robalo (Angola/Portugal): Nós
Tony Kunsevi (Angola): Retrato Imortal
Artista
Porção Mágica da Vida
Victor de Viriato (Angola): Meu Pai, Meu País
Foi ontem, que teu olhar deixou de lutar
Tenho a patria rasgada no peito
Virgilio Chilaule (Moçambique): Renuncia
Sala Mana
Geração Alagada
Daniel Da Purificação (Angola/Mexico): Poema
(Poema colaborativo: **Lorna Telma Zita, Magno Domingos, Daniel Da Purificação, Catia Regina**) Minha mãe Africa:

Wankanganzau Gaflas, (Angola): Meu Kamba fiel Jesus

Branca Clara das Neves (Angola): Poema I

Poema II

Luto

Vicente Ricalo (Cabo Verde/Cuba): Um mar, duas ilhas

Maria Azancot de Menezes (São Tomé/Angola/Portugal): Recado sobre São Tomé:

Que fera ma promesse

Mavenda Nuni y'Áfrika, (Angola): Água da fonte

Lorna Telma Zita, (Moçambique): Mamã

Ingrato

Aprendi

Wilton dos Zicas, (Moçambique) Rosto Mais Que Perfeito

Madjonidjone

Job Sipitali, (Angola) O mito da cor

Inércia

A gramática e a Zungueira

Lobitino Almeida N'gola, (Angola/Portugal) : Negro-Rubra

Destempo

Mutume Reis Manjate, (Moçambique) :Romantismo Selvagem

P-R-I-M-A-V-E-R-A

O bebê preto no boabá: Gabriel Sanpêra, (Angola/Brasil)

Gabriel Sanpêra, (Angola/Brasil) : Café

Magno Domingos, (Angola): A sentença da insensate

Preciso ser gente outra vez

À Pedra

Luciano Canhanga, (Angola) :Poeta Farrapo:

Mãe invisual

Hilton Daniel, (Angola): É-me escudo

O meu medo

Há'inda brilho nas velas

Domingos Cupa, (Angola): No teu adeus

Ainda que

Daniel da Purificação, (Angola/ México): Poema I

Poema II

Ismael Farinha (Angola): Palestina
Fernando Paciência Luteiro Palaia (Cuba): Cansei de mim
Kalunga (Brazil): Apocalipse
Dada
Adailton Zinga (Angola): Vítimas da Vaidade
Hondina Rodrigues (Angola): Borboletras
Declínio
Partir
Branca Clara das Neves (Portugal/Angola) : TACULA
Ozias Cambanje (Moçambique): MARCHAS
NADA É LIBERDADE
A PAZ NO POMBO PRETO
Morais José Manuel: Beleza feminina
Estarei lá
Quem sabe?: Morais José Manuel
OH ÁFRICA LEVANTA-TE!
Roque Jose Pascoal de Oliveira : Oh Africa Levanta-te
Ozias Cambanje (Moçambique): saudades de minha casa
REVOLTAS DO SILÊNCIO
Lorna Zita (Moçambique): O amor não é para os fracos:
Amei-te
Fernando Paciência Luteiro Palaia (Angola): Pétalas rasgadas
Negro
Inocência)
Soberano Canhanga (Angola):INSTANTE NOSSO
Maria Manuel Menezes, (Portugal): Voo Para ti
Meninos da rua
Não vou entender
Agira Cabo Ussene, (Moçambique): Retalhador
O sonho que não terminei
Priscila Rosa da Silva Belchior, (Angola): Por ser mulher
Ivânia Martins Cossa, (Moçambique): Que alguém me ouça
Valdimiro Amisse, (Moçambique): Chora Comigo
Tudo passa
Hélder Tsemba (Mozambique): A dor que sinto, mas nunca te disse
As gotas da torneira mal fechada
Um dia desses desisto de esperança

José Nginga, (Angola): Filho da minha Pátria,(Africa)
Óh Mãe: José Nginga
Luis Nhazilo, (Moçambique (Vida:)
Antes de Deus
O Poema que matou a morte
Franklim de Manguião, (Moçambique): Nossas essências, oh áfrica
Ericson Sembua (Moçambique): Virgo
Miserrimus- Ao Hélio Zyld Guerra
Liquidus Poesis- À Eunice Amância Luís
Tony de Amurane, (Moçambique) : Mar de letras
Sombras dos escombros
O tempo voa
Hélio Guerra (Moçambique): Ao meu eterno amor
Confissão primata
Poeta sem nome Da-xiba, (Moçambique): Um rio chamado Africa
Prazeres e bebidas
Esmeraldo Lopes, (Moçambique)Etoritori'aka (minha doce)
Bussola da verdade
Raúl Bila, (Moçambique): Jovem construtor da paz e alegria
Hosana, aumentai a minha fé
Wankanganzau Gaflas Dakino, (Angola): Vai dar tudo certo
Lorna Zita, (Moçambique): Silêncio
Identidade Africana África
Arlindo Zeferino, (Angola): Eramos Africanos
Crianças Adultos
Nério Cutana, (Moçambique): Paciência perdeu a esperança
As moedas de moeda
18 + Zezinho
Miraldo Meireles, (Moçambique): obre os cabelos
O Coração do Anjinho
Matilde Chambana, (Moçambique)Meu turbante
Kanda yetu áfrica
Adão Paia: Aquela criança (Moçambique)
O endurecer da vida
Apetece-me voltar ao ventre
Lizete António Sitoe, (Moçambique): Dormes e eles matam-te
Queria ser você

Maria Manuel Menezes, (Sao Tome/Portugal) Monte perto do ceu:)
Uma estrada para a Paz
A cor do mundo
Larson Da Piedade Bento Fernando, (Angola): O Miudo da rua
Há sempre um caminho
Eu sou Amor
Osório Herno Feliciano Vilanculos, (Moçambique): Amarra capulana mulher
Dalton Alfândega, (Moçambique): No meu tempo
I'm soldier
O desamor
Gerónimo Daniel Mabote (Moçambique): Vinte anos
Leide Tila, (Moçambique): Verdades Ocultas
A pobreza chegou e fez-me sua preza
Amor resiliente: **Lorna Zita**, (Moçambique)
Mulher
Há que respeitar
João Chico António Santos (Moçambique): O verdadeiro amor da tua vida
O Livro
Facebook
Hilton Fortuna Daniel (Angola): Mau dia pra ser um bom poeta
Palavras ao vento
Rio
Fernando Paciencia Luteiro Palaia, (Angola): Cristalina
Lágrima na garganta
Luciano Canhanga (Angol): O CÃO E O PORTÃO
Ailton Bento Fernandes (Angola) I
II
III
Luís Pedro (Angola): Papos de Salomão
GÊNESIS DA VIRILHA APOCALÍPTICA
Luís Kapemba: RIO DE PEDRA
Alma
Rufina Helena Matamba Lucamba: Terço d'Ave

BANDEIRAS MINHAS
Ntony Kunsevi (Angola): Ironia Selvagem
Rosa Armando Nuvunga (Mozambique): Eu sou
Meu escuro
Osvaldo de Sá (Angola): BUSCO-TE!
Aurédny do Rosário das Neves Vanduno (São Tomé e Príncipe): I canção do novo amor: **Aurédny do Rosário das Neves Vanduno**
Octaviano Joba (Mozambique): POR QUÊ TANTO PRANTO NO CANTO DO OLHO?
LÊ-ESTRESSE
Isabel Miguel Dos Santos (Angola : (A)MANHÃ:)
AMIGO RISO
Pedro Mayamona (Angola): POR QUE CAMINHO É DEUS?
MULHER QUE ME AJUDA MORRER
Jorge Brás Lelo Pedro (Angola): MUAMBA IFUTCHI(Muamba de Dendém
TERNURA DA MADRUGADA
Celestino João Campaxi: Leovigildo António
Simeão Davvi (Angola): NÓS MESMOS
Rodolfo Plaina Cachumbo Gando (Angola): Materno Mar
Homenagem a Borges
Mivalda Moisés José (Angola): Quem sabe
Desabrochar
Ernesto Daniel (Angola): A pátria é dedo
Bate bate
Ema Nzadi (Angola): A SOM E A SOL UMA PASSAGEM DE CULTOS:)
PROCISSÃO TIPOLÓGICA
Ester Diahoha (Angola): AZUL
Hélder Simbad (Angola): Depois do mar, o mergulho cultural
Kalumbo
Afonso Kudissadila (Angola): ELES SABEM!?
MARCAS DO SÉCULO XX

Armando Botelho (Angola): RAZÕES PARA VIVER & PARA MORRER
SENTI MENTALISTA(S) GLORIOSO(S)
Destino Ventura (Angola): HOMEM
FONTE
Dnaffe Medina (Agola): nas pegadas do pássaro
dimoyo
Hélder Simbad (Angola)): Magras silhuetas
Meu Coração é sua Praça
Bolo em Fatias
Henriques Fortuna (Angola): Delírios no pulmão da noite (Alias ou aluas?)
Lunática comiseraçã
Isabel Sango (Angola): Rugas no Sol
Uigense
Intensa Paixão
João Horácio Alexandrino (Angola)): A cada minuto
Sou uma criança perdida
Muro que há por detrás do mundo
Khilson Khalunga (Angola) :guardiã da vida
plano eleito oral
Luís Kapemba (Angola): ESQUIZOFRÊNICO TEMPO II
Maria Manuel Menezes (Angola, Sao Tome and Principe):
BICHINHOS NA PRAIA
ZUNGUEIRAS "NO" MUSSULO
NÃO AO RACISMO
Mwene XI (Angola) : VAZIO
ÁFRICA ERRANTE
MENTE
Ntony Kunsevi (Angola): NÃO JAMAIS
MISTÉRIO
QUARENTONA
Satchonga Tchiwale (Angola): AR TE FILOSOFANDO
RUPTURA AOS PATRIOTAS
RUPTURA AOS GOVERNANTES
Simão Nzombo Antônio (Angola): LABIRINTO
SERENATA ANORGÁSMICA

Vítor Ricardo (Angola): Lweji
Mulemba solitária

Biografias dos escritores

Robalo Sónia Sousa, nasceu a 04 de Maio de 1974, na Ilha Terceira-Açores. O seu trajecto de vida foi algo muito singular (com um percurso um pouco sinuoso que a fez evoluir e tornar-se numa mulher decidida, com raízes e convicções fortes). Filha de pai e família paterna Angolana e mãe e família materna Portuguesa. Regressou a Portugal com 26 anos. A sua filha nasceu, quando frequentava o 4º ano do seu curso e para poder concluir a formação, esta acompanhava-a para a faculdade e estágio. Dois anos depois de ter terminado a sua licenciatura e com uma criança de dois anos nos braços voltou para o Fundão Dedicou-
em Angola.

Eu Bari Júlio de Andrade da Silva – O Poeta **Sábio Louco**, nascido em Angola aos 28 de Junho no município do Rangel em Luanda, capital de Angola. Ao lidar com as letras meu estilo é multifacetado, estou entre a palavra falada (spoken Word) e a poesia escrita. Comecei bem a sério com a possibilidade de divulgar e promover alguns textos escritos nas redes sociais sobretudo no facebook. Actualmente, já conto com várias apresentações em recintos artísticos (bares, casas nocturnos, espaços reservados a divulgação da poesia)... Não conto com nada publicado formalmente neste caso concreto esta antologia é a primeira vez que publico formalmente e ao lado de outros escritores.

Soberano Canhanga, nasceu no Libolo, Angola em 1976. Formado em Comunicação Sociale mestrando em Ciências empresariais, trabalhou como jornalista em diversos órgãos de comunicação nacionais e estrangeiros. Leccionou, em regime de colaboração, na Universidade Lweji A Nkonde e no Instituto Superior Politécnico Lusíada da Lunda Sul. Foi assessor de comunicação institucional da Sociedade Mineira de Catoca e dirige o Gabinete de Recursos Humanos do Ministério da Geologia e Minas. Publicou "O Sonho de Kaúia" (romance-2010), "Manongo-Nongo" (contos infanto-juvenis 2012) "10encantos (poesia 2013), "O Relógio do Velho Trinta" (romance 2014), "O Coleccionador de Pirilampos" (Contos 2014), "Canções ao vento" (poesia 2915). No prelo: "Palmas e muxoxos" (crónicas) e "Amor sem Pudor" (poesia).

Claudia Cassoma nasceu em Luanda, Angola, em 1993, mudou-se para Maryland, Estados Unidos da América, no início de 2012. A sua paixão pela escrita a acompanha desde as primeiras temporadas, melhorando a cada dia. Entre seus sonhos mais ambiciosos, tornar-se uma escritora ilustre é um deles.

Magno Domingos, António D. S. Domingos de nome completo, 38 anos de idade. Estudante universitário de economia e gestão. Vivo em Luanda para onde me mudei com a família no tempo de guerra, sou da Gabela, kwanza Sul. Pai, filho, activista cívico e acérrimo defensor dos direitos humanos o que me condena a ser um eterno poeta da vida.

Katya Kalisia Mendes dos Santos, nasceu ao 23 de Julho em Luanda, cidade capital de Angola. Frequentou o curso de Arquitetura e Urbanismo na Universidade Metodista de Angola. Trabalhou como recepcionista e repórter fotógrafa. Sua paixão pela arte a fez ingressar desde 2008 ao Movimento Lev'Arte Angola. Artisticamente se expressa com a escrita, desenho e trabalhos manuais (artesanias). Conta já com obra literária publicada.

Dilen Alsungas Pandiera José, nasci na província do Kwanza Sul ao sul de Angola. Sou um habilidoso técnico de informática e computação, já residi por um período curto em Portugal, manejo idiomas como o espanhol e o inglês além do português. Actualmente, além de escrever poesia ao requinte quero fazer lembrar que resido

Escrito por: **Ângelo Reis**, *o poeta dos pés descalços*. No Facebook conversando com Nzila de África

Baptista Britos Adriano nasceu em 1992, Zambézia (Moçambique), é estudante finalista do curso de Tradução Francês-Português na Universidade Eduardo Mondlane, é poeta, residente na cidade de Maputo.

Chambule Márcia Rosel, de nacionalidade Moçambicana, Nascida a 10 de Setembro de 1994, escreve poemas desde os 12 anos.
Tem feito declamações dos seus poemas em vários saraus que tem acontecido na cidade e província de Maputo.

Chilaule Virgílio Henrique, nascido a 15 de Dezembro de 1990 em Maputo, fez o Curso de Psiquiatria e Saúde Mental. Actualmente trabalha como Técnico de Psiquiatria e Saúde Mental. Iniciou sua careira na poesia em 2009, fazendo parte de um grupo cultural chamado aldeia literária, do qual nasceu uma antologia poética, com a participação dos seus 3 poemas com títulos: "Rio Incomáti", "O preço do Saber" e "Casar-te-ei". Desde então, tem pulicado em jornais, dando como menção o jornal Xitende e tem participado em várias obras literárias, tendo seu textos publicados em antologias internacionais tais como Galiza-Moçambique "Numa Linguagem e Numa Sinfonia" e "Caravelas em Viagem" editadas em suiça.

Correia Cátia Regina, 26 anos, nascida e residente no Rio de Janeiro (Brasil) região da Baixada fluminense , mulher preta,nascida em diáspora,que busco constantemente referências e inspiração (de vida e poesia) em reminiscências africanas,que acabam se misturando, supostamente com essa tal brasilidade. Estudante de Letras na Universidade Federal rural do Rio de Janeiro Integrante de grupos de luta e resistência da juventude negra local, desenvolvo o tom de alguns versos, nos amores, lutas, angustias,e "achismos" de quem transita por discursos e vozes múltiplas dentro de minha (pseudo) realidade .

Farinha Ismael, poeta, declamador, escritor e contabilista, nasceu em Angola província de Luanda aos 27.08.1981. Começou a escrever poesia por influência do movimento Hip Hop (RAP) foi a sua primeira manifestação artística, tem participado em declamações de poesia em Luanda nas actividades culturais, é membro no movimento Lev´Arte, Chá de Caxinde.
Participou em algumas antologias, em Angola e Brasil.

Fernandes Joel: Escritor e poeta estudante do curso de engenharia informática pela universidade. Técnica de Angola utanga nasceu em luanda aos,07,10,1981 no município do cazenga.

Fernando Evaristo de 22 anos, escrevo a 4 anos. Meu gosto pela escrita começa na altura em que transito para o segundo ciclo do ensino secundário e porque química era a das piores disciplinas para mim decido seguir as letras e lá tive oportunidade de estudar a literatura e a arte de escrever entrou em mim. Sou vencedor do concurso "desenha-me a tua liberdade" da CCFM/ICMA (Centro Cultural Franca Moçambique/ Instituto Cultural Alemanha Moçambique) e de mais concursos. Meu maior foco é a poesia e contos.

Cris Poetisa é o pseudônimo de **Ferreira Cristina**, nascida aos 23 de Abril de 1975 na Província de Cabinda/Angola, onde cresceu e viveu muitos anos. Tem 4 meninas que são a sua maior alegria. Tem uma grande paixão pela escrita desde os tempos de adolescência e é através desta linda arte que é a poesia que consegue exprimir todos os seus sentimentos. Participei em uma Antologia denominada Elos- No Verso.Também é uma apaixonada pela estética.

Jorge Augusta é uma jovem angolana que nasceu a 10 de Maio de 1995, no Huambo, mas residente em Saurimo, onde frequentou os seus estudos primários e secundários em Saurimo, Lunda Sul. Cidade em que frequenta actualmente o 2º ano do Curso de Geologia na Escola Superior Politécnica da Lunda Sul, afecta a Universidade Lueji A'nkonde. Apesar de não ter nenhuma obra publicada, reúne já alguns inscritos e é membro do Núcleo Le'Arte Lunda Sul. É actriz e também intérprete de surdos.
"Poeta das Calças rasgada", pseudónimo literário de **Kunsevi Tony**, nascido aos 08 de Dezembro de 1980, na província do Zaire, Nzeto. É um jovem portador de vários talentos capazes de darem vida as letras, imagens e outras obras artísticas, Poeta, declamador, membro do Movimento Lev´Arte desde 2009.

Lobadias Obedes – Escritor, declamador, compositor musical e activista moçambicano. 22 anos de idade. É um dos autores de Leveza da Alma, Entre o Samba o Fado e a Poesia e Em todos os Ritmos da Poesia (Brasil, 2014, 2015 e 2016 respectivamente). Já foi jornalista e animador de rádio. É estudante universitário.

Meu nome é **Luciano Ngonga Salvador**, sou angolano de 26 anos de idade e sou formado em engenharia civil. Desde pequeno que gosto de artes e literatura é uma paixão que tenho. Comecei a escrever poemas com 13 anos, e fui mostrando as pessoas quando completei 16, e desde então tenho buscado melhorar dia após dia. Não tenho livro publicado ainda, mas estou em fase de conclusão de 3 livros que venho escrevendo desde os 18. Um de poemas já constituído mas sem patrocínio a espera de uma oportunidade. Os livros são projectos não oficiais que faço nos meus tempos livres e espero um dia poder lança-los .

Neto Levita Estanislau: Fiz a publicação dos dois em um so Mas apenas em formato digital em Maio de 2016 e recepção do público foi boa agora estou a escrever o 4 livro intitulado O meu encontro com Deus A par doa artigos e compilações que gosto de fazer a parte... No campo literário acho que a biografia é essa mano...
Palaia Fernando Paciencia Luteiro: Estudante Angolano Residente no exterior do País (Cuba)

Pedro Marcelo Bernardo Maluarte, filho de Bernado Pedro Teresa e Maria Isabel Joaquim Malaurte, de nacionalidade moçambicana, nascido aos 21 de dezembro de 1986 na provincia de Inhambane, cidade de inhambane, licenciado em geografia pela universidade Eduardo Mondlane e actualmente, estudante no curso de mestrado em população e desenvolvimento, é autor dos poemas que a seguir são expostos.
Eu sou **Polá Carmona**, Nascido aos 22/03/1997, natural da Cidade de Quelimane, Província da Zambézia – Moçambique. Estudante do 2º Ano do curso de Relações Internacionais e Diplomacia, no Instituto Superior de Relações Internacionais, em Maputo. A arte é a única língua que falo. Eu gosto da poesia e nela vejo uma oportunidade de trazer à vida as palavras e sentimentos mortos que jazem dentro de mim.
Ribeiro Rosa, é uma poetisa Lusoangolana nascida no Huambo (Angola), actualmente vive na Inglaterra. Escreve desde pequenina.

Saxingo Guilson Silvano é angolano, nasceu a 1 de Agosto de 1994. É licenciando em Direito, no Instituto Superior Politécnico Lusíada da Lunda Sul. Autor do livro "Aurora Jubilosa" publicado em 2016, co-autor da Antologia Poética "Entre o sono e o sonho" VI volume, pela Chiado Editora, em 2015. Coordena o Núcleo Lev´Arte Lunda Sul e colabora como repórter na Arte Visual, Comunicação e Prestação.
Simbad Hélder é pseudónimo de Helder Silvestre Simba André, filho de Pompílio Mateus André e de Albertina Simba, nasceu aos 13 de

Agosto de 1987, na província de Cabinda, em Angola. É estudante do 4ª ano do curso de Línguas, Tradução e Administração da Universidade Católica de Angola; professor de Língua Portuguesa e de Literatura Africana. Começou a sua actividade artística entre 1997 e 1998, escrevendo poesia. É Coordenador Geral e membro co-fundador do Movimento Litteragris. Tem poemas, contos e artigos publicados na revista Agris Magazine, no Jornal Cultura Angolana e no Blogg brasileiro *poemario-prosaeverso.blogspot.com*.

Sombra Edgar Ginga ou simplesmente Poeta Sombra, é Angolano, Natural de Luanda, aos 17/09 e Casado com Tânia Ginga. É Escritor, Compositor e Poeta, formado em Gestão de Recursos Humanos. É membro do Movimento Berço Literário (Coordenador do Núcleo de Belas), é simpatizante da brigada Jovem de Literatura, é amigo do Lev´árte. É um escritor que tem como fonte de inspiração, tudo o que nos cerca…a vida, a natureza humana etc.

Ussaque Orlando Jaoquim, nascido aos 15 de Outubro de 1992. Quanto a sua inserção na literatura, há muito que se desvendar ainda, pois não se sabe com exactidão quando começa a escrever, segundo ele, afirma com algumas dúvidas que descobriu o domínio pela escrita em meados do ano de 2009. Para além do mundo das letras, estuda actualmente engenharia electrónica e telecomunicações na Escola Superior de Ciências Náuticas.
Viriato Victor "Vitória certa daquele que tem muita sorte". Apareci num momento de liberdade espiritual do meu criador no ano de 2008. Vivi preso no papel dentro da gaveta até a criação da página do facebook em 2013 e aqui estou: www.facebook.com/-otairivedrotciv.
Arlindo Mendonça Andrade nasceu em Cabo Verde, ilha de Santiago. Na Universidade Lusófona, em Lisboa, licenciou-se em Ciências da Comunicação e da Cultura e tirou o mestrado em Ciência Política - Cidadania e Governação. Compositor e cantor com dois Cds publicado. Como poeta é representante de Cabo Verde na Academia Virtual dos Poetas da Língua Portuguesa. Em 2017 publicou o seu primeiro livro de poesia "Para Além do Mar" e participou na Antologia Comemorativa do IV Encontro de Poetas da Língua Portuguesa.

Branca Clara das Neves (pseud.). Nasceu no Moxico, Leste de Angola. A sua vida profissional tem acontecido em Lisboa, Maputo, Praia, Luanda e Bissau. Escreve para vários blogues, nomeadamente os-do-meio.blogspot.com. Publicou em 2014, Luena Luanda Lisboa: fala de Maria Benta, livro editado pela Colibri e o audiolivro da mesma obra em 2016 com o Estúdio de Filipe Santo. www.brancaclaradasneves.com

Cátia Solange da Costa Carneiro Belchior da Silva, Data de Nascimento: 02/06/1987 Nacionalidade: Angolana. Luanda. Licenciatura: comunicação social pela Universidade católica portuguesa de Lisboa. Etic: especialização em comunicação publicitária. Pós-graduação: Gestão de Marketing IPAM

Domingos Cupa, é natural Angolano, nasceu na década de 80. Formado em Engenharia Informática (IT-IMS) pelo IIHT (www.iiht.com). Viveu no Lubango, Lobito, Huambo, fora de Angola e actualmente reside em Luanda. Tem um poemário publicado sob Chancela da Editora Portuguesa "Cão que Lê" cujo título é "Além das Palavras". Tem dois livros de Contos por publicar, aguardando oportunidade. Já fez teatro e participou em alguns concursos de músicas. Escreve regularmente no seu blog: www.artpromodatc.blogspot.com , promovendo actividades culturais.

Evanilson S. de Almeida, DESCENDENTE DE AFRICANOS, autodidata, fezseusprimeiros versos aosquatorze anos, quandonão sabia ainda o que era verso, estrofe, poema, poesia; tãoprecário o ensino que recebeu da nossaescola pública na periferia.

No dilema devastador de uma vida difícil, filho de faxineiracomoperário da construção civil, nascido numa favela, nãoteveoportunidade para desenvolver desde cedo seu talento "precoce", tornando a escrevernovamente, desta vez em definitivo, para nossaalegria, já na casa dos trinta anos de vida.

Gabriel dos Santos Pereira tem o pseudônimo de Gabriel Sanpêra. Ele mora na Cidade Barra Mansa, no interior do Rio de Janeiro (Brasil). Tem 20 anos de idade. Em seus textos Gabriel evoca cultura popular afro brasileira, e toda energia movimentadora de nossos ancestrais nas religiões de matrizes africanas. Traz a tona as questões do negro em periferia e de vida e romances envolvendo negros LGBT e seus anceios. Um dos escritores selecionados pelo Prêmio Malê- Jovens Negros de Literatura e Premiado no Concurso Literário de sua cidade natal. Barra Mansa.

Hilton Fortuna Daniel. Formado em Didática do Ensino do Português, pela Universidade Agostinho Neto; mestre no Ensino do Português, pela FCSH da Universidade Nova de Lisboa. Pesquisador e professor de Literatura e Português. Colaborador na Academia das Ciências de Lisboa. Escreve crítica literária, contos, crónicas, ensaios e outros. Tem, sozinho e em coautoria, diversos artigos e livros publicados em Angola, em Portugal e no Brasil. Às vezes, compõe e canta rap.

Job Sipitali nasceu no Município do Cubal, Província de Benguela – Angola, aos 10 de Outubro de 1985. Obra publicada: «Raízes Cantam» (2017). É licenciado em Ensino da Língua Portuguesa pelo –

ISCED (Instituto Superior de Ciências da Educação) – Benguela. Tem publicado (com regularidade) textos poéticos no Jornal Angolano de Artes e Letras.

Lobitino Almeida N'gola (pseudónimo literário de Eugénio [Luís da] Costa Almeida), natural de Lobito, Angola, onde nasceu a 4 de Novembro de 1956; é Investigador Universitário, licenciado e mestre em Relações Internacionais e Doutorado em Ciências Sociais; em conclusão do Pós-Doutoramento na FCS-UAN.. tem várias publicações, entre ensaios, artigos e poesia e contos.

Maria Manuel Godinho Azancot de Menezes nasceu a 27 de Junho de 1957 em Lisboa, filha de Manuel Pedro Azancot de Menezes, natural de S. Tomé e Príncipe, e de Maria de Lourdes Pires Godinho, natural de Portugal. Viveu em Timor-Leste nos primeiros anos e depois em Angola, onde reside. É médica pediatra, casada, mãe e avó. Escreveu o livro de 100 poemas "Lua mágica", editado pela Chiado Editora e lançado em Setembro de 2017 em Lisboa. Um dos poemas, "Coqueiro da minha praia", faz parte do livro "Entre o sono e o sonho", VIII Volume de Antologia de Poetas Contemporâneos Portugueses.

Gabriel Ambrósio é **Mavenda Nuni** ya Áfrika, assim é chamado artisticamente. Nasceu em 2 de agosto de 1986, província do Zaire (Angola), etnia kikongo. Licenciado em letras: Português-Inglês, pela PUC–GOIÁS (Brasil). Gosta da literatura, antropologia, filosofia e das outras áreas do saber como forma de encarar e desvendar o mundo. Palestrante sobre a África. É autor do livro Áfricas Ocultas, 2015. Já participou em vários concursos literários e antologias poéticas com destaque: "Mosca Voando", 2014, São Paulo, Scortecci; "Desmistificando África", 2014, Salvador-Bahia, na qual ganhou o terceiro lugar do concurso; "Fileiras de poder", 2015, 4º lugar no concurso Internacional de literatura professor Germano Machado-2014. Paraíba e "Fúria Negrada", publicado em Novembro 2015, Litteris editora Rio de Janeiro. É colaborador do site por dentro da África. Escreveu também diversos artigos e crônicas para o jornal Diário da manhã, em Goiânia; na Revista Omnirá, Salvador-Bahia. Além de outros textos publicados em jornais online de Angola. É o proprietário do blog mavendamenga.blogspot.com.br e da Página facebook mavenda nuni yÁfrika. Foi membro do grupo de estudo e extensão afro-brasileiros (PROAFRO) da Pontifícia Universidade Católica de Goiás (PUC-GOIÁS). É associado do AFROCRACIA de Angola.

Rubens De Souza Fernandes ("Poeta-Ru"): "Sou Neto de Escravo, filho de mãe solteira natural do" Bexiga São Pulo- SP,ex menino de Rua e ex dependente químico "-São Paulo-SP, 78 anos, Bacharel em Direito/Faculdade Drummond com colação de grau em 2015, Poeta, Compositor, Cantor, Filosofo, Escritor, Pesquisador Cientifico , Autodidata Eclético e Líder na Recuperação de Alcoólatra e Dependente Químico (Instituto Fraternal de Laborterapia-"IFL"), Líder Comunitário no Terceiro Setor há mais de 57 anos etc. Casado, Pai de 13 filho(a)s (11 vivos), 10 neto(a)s e 2 bisnet(o)a.

Sou **Vicente Ricalo**. Cubano e moro na cidade de Mindelo, em Cabo Verde. Possuo a nacionalidade cabo-verdiana, além da cubana. Sou professor universitário, nomeadamente de língua inglesa, e investigador. Tenho publicado vários trabalhos em Cuba, em Cabo Verde e além. Trabalhei na Universidad de Oriente, em Cuba, durante vinte anos. Trabalho na Universidade Lusófona de Cabo Verde, e já trabalhei no IESIG (atual UNIMINDELO) e na UNICV (Universidade de Cabo Verde).

Vitorino Anselmo Manjate, artisticamente tratado por Mutume Reis Manjate, nascido aos 23 de Fevereiro de 1992 em Maputo, de nacionalidade moçambicana, solteiro. É surpreendente a riqueza e a complexidade do pensamento que me faz crer que sou um jovem poeta preste a contribuir para o desenvolvimento da literatura Africana e do mundo em geral.

Wankanganzau Gaflas, é o pseudônimo de Garcia Kino, natural de Cacuaco, província de Luanda, República de Angola. Dedica-se a escrever poesia, sobretudo poemas gospel (evangélicas), é licenciado em ciências, geofísica, pela universidade Agostinho Neto.

Wilton dos Zicas, nome literário de Wilton Pedrito Jambo Zica. Nasceu na Beira (Moçambique), a 14 de Setembro de 1992, filho primogénito. Estudou Medicina na maior Universidade do seu país (UEM Maputo) tendo enveredado para se formar em Química na segunda maior (Universidade Pedagógica de Moçambique) onde foi galardoado pelo Magnífico Reitor como Melhor Estudante. Presentemente é Mestrando em Química, Consultor Químico,

Professor de Química, Empreendedor, Académico/Pesquisador, Activista Social de Caridade e Escritor/Poeta moçambicano. Encetou a redigir Poemas em 2006, mas só veio a transluzir e reunir em 2017, um emblemático mar de versos com o seu primeiro livro de sublimes Poemas.

Fernando Paciência Luteiro Palaia, 23 anos de idade estudante do 4º ano curso de Engenharia em Ciências Informáticas na Universidade de Ciências Informáticas (UCI), residente no exterior(Havana-Cuba). Venho por meio deste apresentar a minha candidatura para fazer parte uma vez mais desta magnifica obra que reúne os melhores poetas de África, dizer que é uma honra poder participar pela segunda vez deste grande projeto bem-haja a vocês, bem-haja a poesia acima de tudo. Saudações!!

Kalunga é o pseudónimo de João Fernando André. Escritor, ensaísta e professor de língua portuguesa e literatura. Bacharel em Letras, Língua e Literaturas em Língua Portuguesa, pela Faculdade de Letras da Universidade Agostinho Neto. Membro da Academia Oeirense de Artes (Brasil). Vencedor, nas categorias de Conto e Crónica, do 26º Concurso Internacional de Poesias, Contos e Crônicas e menção honrosa nas categorias de poesia e conto do 27º Concurso Internacional de Poesias, Contos e Crônicas (realizados pela Academia Internacional de Artes Letras e Ciências, Brasil, RS). Tem textos publicados nas antologias "Poesia Com Reticências" (Pastelaria

Studios Editora, Portugal), «5 Sentidos», no Jornal Cultura (Angola), na revista Palavra & Arte (Angola) e na revista eis Fluências (Portugal/Brasil

Hondina Rodrigues nasceu a 27 de Setembro, em Luanda, Angola. Técnica média, formada pelo ICRA, e estudante de Direito. Gosta de actuar, cantar e escrever. Participou das colectâneas: "Amor à Sabedoria" em 2008, "Pratica(Mente)" em 2010, "O Canto da Kianda" em 2016, Sementes da Língua – Angola Galiza em 2017.

Hosiasse Miguel Cambanje: pseudónimo: **Ozias Cambanje**. Nascido 01/01/1990 em Cahora-Bassa, Tete, Moçambique. Poeta, Professor e Estudante do Instituto Superior de Artes e Cultura (ISArC) desde 2016.

Morais José Manuel, nome artístico "Bestmora", filho de Jonas Manuel Zamos e de Rita José Kanjila, nascido ao 25 de Janeiro de 1995, em Cangola – Alto Cauale, Município de Cangola, Província do Uíge, nacionalidade Angolana. Frequentou o ensino médio no instituto Médio Técnico 17 de Dezembro em 2014. Exerce a profissão de Professor.

Arlindo Mendonça Andrade, escritor, cantor e poeta é natural de Cabo Verde, da ilha de Santiago. Participa pela segunda vez na Antologia, o mesmo tendo acontecido em 2017. Como representante da Secção Cabo Verde na Academia Virtual dos Poetadas da Língua Portuguesa, esteve presente no VI Encontro de Poetas da Língua Portuguesa que teve lugar, em Lisboa, de 26 a 28 de Setembro.

Lorna Telma António Zita, nome literário Lorna Poetisa nasceu em Xai-Xai aos 12 de Janeiro de 1993. Licenciou-se em Tradução e Interpretação Português/ Francês pela Universidade Eduardo Mondlane, em 2017 e 2018 participou de antologia poética Best New Africans poetry organizado pelo Zimbabiano Tendai Mwanaca. Foi finalista do concurso literário Liberté et tolerance organizada pela embaixada da França e AMOJOF. 2018- Ganhou o segundo lugar do concurso "a ponte que liga vida" organizado pela embaixada da Alemanha e CCMA.

Agira Cabo Ussene, Nasceu no distrito de Nacala-porto, uma zona do litoral da província de Nampula, no norte de Moçambique, em 21de Janeiro de 2000. Entra na escola aos 6 anos de idade na sua terra natal e, aos 17 anos concluiu a 12ª classe na Escola Secundária de Nampula, a mais antiga da província, Por sinal onde foi transferida aos seus 16 anos de idade de Nacala-porto. Em 2016 integra-se na organização WAKE UP na cidade portuária de Nacala, tendo-se formado como activista social com objectivo de sensibilizar a juventude para uma vida objectiva e digna na sociedade onde está inserida. Actualmente se dedica a poesia baseando-se na cidade de Nampula, em Moçambique.

Priscila Rosa da Silva Belchior, Angolana, Sou poetisa/declamadora, apesar de actualmente estar a escrever também outros géneros literários e é um prazer estar a participar com outras almas poéticas.

Ivânia Martins Cossa, Sou uma aspirante das letras. Sou moçambicana e moro em Moçambique na Província de Inhambane, frequentando do momento a 12.ª classe.

Alda Maria Soares de Barros, Nasceu em S. Tomé e Príncipe a 18 de Julho de 1960, na localidade de Pantufo em S. Tomé. Fez os estudos primários e secundários em S. Tomé e em Luanda. Estudou Jornalismo em São Tomé e foi jornalista do primeiro jornal da República Democrática de S. Tomé e Príncipe independente, o "Jornal Revolução" 1980 a 1983; e foi militante da Organização da JMLSTP - Juventude de São Tomé e Príncipe. Estudou Relações Internacionais na Universidade Lusíada de Angola e iniciou carreira nas Nações Unidas, em Luanda em 1989, tendo concluído o curso de Gestão da Administração pelo UN Staff College em 2005. Trabalhou na UNICEF, PAM de 1990 a 1991, e no PNUD de 1991 a 2000. É funcionária internacional da missão Integrada das Nações Unidas para a Consolidação da Paz na Guiné-Bissau (UNIOGBIS) desde 2000, e trabalhou em Dili, Timor-Leste de 2006 a 2009. No Burundi trabalhou de 2009 a 2010 e regressou à Guiné-Bissau em 2010. Actualmente, é Assistente Pessoal da Representante do Secretário-Geral da ONU na Guiné-Bissau. Faz parte dos Campeões verdes (Green Champions) e participou em alguns projectos da UNEP/ONU na luta contra a desertificação e Meio Ambiente e é Activista Ambiental. É autora das obras intituladas - "A Flor Branca do Baobá", Poesia (Lisboa, 11/05/2017) e "Chuva de Prata", Poesia - Centro Cultural Brasil-Guiné-Bissau, (Bissau, 04/03/2019). Participou no Volume I da

Antologia da Poesia Livre; no Volume I de Colectânea de Micro Narrativas Friccionais intitulado "SMS" da Chiado Books em Janeiro e em Abril 2017 respectivamente. Em Agosto 2020, participou na "Reflexão sobre a Cultura em Tempos de Pandemia" pela UCCLA. Pela segunda vez, reside e trabalha na Guiné-Bissau.

Hélder Luís Augusto, cujo pseudónimo é Hélder Tsemba, nasceu a 18 de Junho de 1991, em Maputo, Moçambique. É licenciado em Filosofia pela Universidade Eduardo Mondlane. Actualmente, é jornalista do grupo SOICO para cujo jornal "O País" ele escreve artigos filosóficos. É autor da obra poética: Hibernação sob chancela da editora Kulera. Em tempos livres, joga xadrez, lê, medita, escreve, fotografa, anda de bicicleta

José Nginga é um escritor angolano com o pseudónimo literário de "O Pequeno Escritor Jsjn", actualmente, reside na província de Luanda. José ganhou o gosto pela leitura e pela escrita muito cedo, começando por ler e coleccionar frases de autores já estabelecidos. Em 2015, descobriu o dom e a vontade que existia em si, facto que o levou a escrever frases de sua própria autoria, tendo neste momento aproximadamente 500 frases, todas de sua autoria. Inicialmente, suas frases eram românticas, reflexões motivacionais, mas posteriormente perto menos de 7 meses, isso em Março, resolveu mergulhar no imenso mar da poesia. Além de escritor, José Nginga é estudante de "Electrónica Industrial e Automação" pelo Instituto Médio Técnico "17 de Dezembro" e tem como hobbie a prática de desenhos. "Não desistam do que almejam. Algumas pessoas costumam ter bastante impulso no início das suas carreiras. Elas trabalham bastante no início, mas depois acabam desistindo. Espero que, quando o sucesso bater a sua porta, você não relaxe e nem desista, pois o objectivo é continuarmos a desenvolver ideias até ao fim da nossa existência"- José Nginga

Luís Nhazilo, Nasceu a 09 de Janeiro de 1997, na Machava-bedene, Matola, província de Maputo. É escritor, Poeta-declamador, actor cinematográfico e activista social Moçambicano. Escreve desde 2016. Foi personagem principal no Filme "O Pequeno Escritor", do realizador Júlio Silva. Participa em várias antologias nacionais e internacionais; representou Moçambique na "Brave world Magazine", organizada pelo escritor Índio Sourav Sarkov. Tem textos publicados em jornais, blogues e redes sociais. É director dos actores na associação Mozbeat; membro do Movimento activista Moçambique; fundador do Movimento artístico POENHAZILANDO; licenciando em Psicologia Escolar (NEE) pela Universidade Eduardo Mondlane

Chamo-me **Franklim Fernando Manguião Pinto**, natural da Zambézia - Moçambique com 22 anos idade. Sou estudante universitário do curso de licenciatura em filosofia na Universidade Eduardo Mondlane - Maputo. Sou amante da literatura, de uma forma aprofundada sobre as poesias mas possuo outros estilos literários. Sou muito conhecido por "Franklim de Manguião" e "Ce Cedilha" que são meus pseudónimos nos textos que componho.

Ericson Sembua, de inteiro e nome Ericson Mouzinho José Agostinho Sembua, á quem pertence o criptónimo Aubmes Noscire, é um artista moçambicano, natural da província de Manica. Foi Teocrata na Escola do Ministério Teocrático. É editor e revisor do sítio eletrónico da Platina Musik. Mergulhou no mar da grafia ainda em sua idade pueril e não mais soube emergir. Apaixonou-se, no ano de 2017, pelo Soneto, que é hoje o seu estilo poético característico; preocupa-se zelosamente em cultivá-lo com benigna imagem. Tem o corolário de seus artifícios exibidos em gazetas, magazines, blogues, crestomatias poéticas, entre outras plataformas.

Tony de Amurane (António Manuel de Amurane), Nasceu na cidade de Nampula, Moçambique. É licenciado em Arquitectura e Planeamento Físico pela Universidade Eduardo Mondlane em 2011, mestrado em Planeamento e Gestão de Assentamentos Informais, pela mesma universidade, em 2018. É docente universitário desde 2013. É consultor independente para áreas de arquitectura e planeamento físico, É co-autor da obra Oficinas de Muhipiti: património e desenvolvimento. Já publicou artigos de opinião em jornais. Participou nas antologias: A Amizade entre China e Moçambique no Meu Coração; Corações em Brasa e; Poemas e Cartas Ridículas de Amor. É autor do romance Retalhos.

Hélio Zildo M. Guerra, cujo pseudónimo é Hélio Zyld Guerra nasceu em uma manhã de domingo, ao décimo quinto dia do oitavo mês de 1993 no Município da Cidade da Matola (Maputo). É licenciado em Filosofia pela Universidade Eduardo Mondlane (2012-2016). É professor de Introdução à Filosofia e de Língua Portuguesa. Em tempos livres, lê, medita, escreve, caminha pela natureza

Da-xiba, é um jovem de 21, anos de idade nascido aos 21, de Setembro no ano 1998, na cidade da Matola, com os pais oriundos de Magude, ingressou no ensino primário no ano lectivo de 2005 na Escola primária do Lingamo, tendo concluído o ensino primário no ano lectivo de 2013, na Escola primária completa do Trevo, tendo no ano de 2014, frequentado á 8ª classe. Na escola Secundária da Matola e tendo concluído o ensino secundário geral no ano de 2018.

Esmeraldo Craveiro Lopes Boquisse, Nasceu na cidade de Nampula, em Moçambique, aos 26 de Dezembro de 1996. Filho de pais camponeses tem como passatempo futebol e leitura de poemas. Entra na escola aos 9 anos de idade e aos 20 anos concluiu a 12ª classe na Polivalente São João Baptista de Marrere. Em 2014 integra-se no grupo de Voluntários hospitaleiro no Hospital Psiquiátrico de Nampula, sob tutela dos Irmãos da Ordem Hospitaleira São João de Deus. Formou-se em Jornalismo Profissional (teoria e prática) pelo Instituto de Amigos de Ciência e Tecnologia (VAHOCHA), em Nampula.

Raúl Bila, conhecido artisticamente pelo pseudónimo Lúcio Tavares, Kapanga. É um jovem Poeta-escritor, actor Moçambicano, natural de Maputo, Licenciado em Educação Visual com habilitação em Desenho de Construção Civil pela Universidade Pedagógica. Começa o seu percurso artístico em 2012 como Actor no grupo cultural teatral *Revelação*. Em 2013 abraça a poesia, tendo ganhado mais notabilidade desde 2015. Participou de vários festivais de poesia, canto e teatro e conta com a participação em diversas antologias.

Wankanganzau Gaflas Dakino, é o pseudónimo literário de Garcia Diulu da Costa Kino, nasceu em Cacuaco (província de Luanda, república de Angola), é licenciado em Geofísica de Petróleos pela Universidade Agostinho Neto, professor e geocientista. Usa os seus tempos livres para escrever poesias de cariz evangélica cristã, sendo o autor de muitas poesias como: Meu Kamba fiel Jesus, 14 de Fevereiro, Minha velha mãe, lágrimas da revolução e outras.

Arlindo Zeferino, Poeta e Pequeno escritor, mas sem obra no mercado. Pertence ao Movimento Lev´arte Núcleo Benguela, (um movimento constituído por poetas, músicos, trovadores, humoristas, actores, artistas plásticos ...), na qual, ele ocupa o cargo de Secretário Provincial do Movimento.

Nério Flausino dos Santo Cutana, Moçambicano, 34 Anos, casado e residente em Maputo.É Idealizador da Págua- Aplicativo de Gestão de Leituras e Pagamentos de Consumo de Água. Presidente do núcleo de Jovens Profissionais do Sector da Água. Ex- Presidente do Pelouro da Água e Saneamento na Associação Nacional de Jovens Empresários. Pós Graduado em Gestão de Projectos pelo ISG, licenciado em Engenharia e Gestão Industrial pela Universidade Técnica de Moçambique Tem 13 anos de experiência profissional em consultorias para Projectos de Desenvolvimento de Sistemas de Gestão Financeira.

Miraldo Meireles, Natural de Maputo (Moçambique), nasceu aos 20 de Junho de 1999. Estudante de Engenharia electrónica e de telecomunicações e um escritor fascinado. Autor virado para as mais belas possibilidades de fazer nascer paz e cores cintilantes no coração de cada leitor. Almeja proporcionar sorrisos e momentos felizes em cada página dos seus livros, espera que cada traço de amor derramado por si em seus títulos, possam tocar e acariciar o leitor, tanto quanto romances que fazem chorar.

Matilde Cátia Vasco Chabana, nascida a 5 de Dezembro, na província de Maputo, Moçambique. Licenciada em Contabilidade e Auditoria, pela Universidade São Tomás de Moçambique, delegação de Gaza, desenvolveu sua paixão por escritura desde a adolescência. Apresenta-se como palestrante, professora de dança tradicional moçambicana, Mestre de Cerimónias, moderadora e poetisa, com uma obra por publicar. Também, é responsável do departamento de comunicação do Moz Slam, apresentadora do Sarau Literário Café com Livros. Tem textos publicados em plataformas virtuais, como na Revista Brasileira Foco Literal, nas páginas de literatura Brasileira e Moçambicana e, na página angolana de entretenimento Sagrado Feminino Angola.

Adão paia, Activista social dos direitos humanos e cidadania e participação política da juventude; Formador na área de género, Direitos humano, na perspectiva de engajamento masculino e construção de novas masculinidades; Estudante de Ciências Politicas, na Universidade Eduardo Mondlane; Co-Fundador da Associação de Desenvolvimento Comunitária Lirandzo (ADCL), uma organização que visa apoiar as comunidades em particular jovens no desenvolvimento de habilidades e talentos de forma a responder as necessidades do desemprego; Poeta e leitor.

Ailton Bento Fernandes Nasceu em Luanda (Cazenga), no dia 18 de janeiro de 1999. Membro do Movimento Literário Litteragris. Frequenta o ensino superior no curso de Comunicação Social, na Faculdade de Ciências Sociais da Universidade Agostinho Neto.

Luís Pedro, é o pseudônimo literário de Luís Augusto Pedro, nascido na província do Namibe, município do Tômbua, aos 22 de Novembro de 1998.Técnico médio do curso de Ciências Físicas e Biológicas pelo liceu 6T Dr. António Agostinho Neto. Poeta e declamador, começou a sua escrita acérrima como poeta no ano de 2019, no mesmo ano ingressou para o núcleo levarte Namibe, qual foi do "Poesia eu Vivo" nos municípios de Moçâmedes e Tombwa.

Sou **Pedro Fernandes Bunga,** artisticamente tratado por Bungada, estudante do 4° ano da Universidade Agostinho Neto, Faculdade de Economia no curso de Contabilidade e Auditoria. A poesia é meio pela qual expressamos a nossa emoção e teses sociais e científicas, é meio pela qual perpectuamos momentos, alegramos pessoas e ensinamos o mundo. A poesia é um diário para mim, um amigo e um colo para consolo... Por meio desta, candidato-me ao livro de poesia de Aflika. Em anexo coloco as minhas três poesias. Sem mais nada a dizer, reitero as minhas saudações angelianas e aflikanas.

Luís Kapemba é pseudónimo literário de Luís Rodrigues Pinto Jerónimo. Desabrochou-se ao mundo no dia 28 de Abril de 1997, em

Angola-Luanda, onde actualmente reside. É Desenhador Projectista, membro co-fundador do clube de leitura com matriz africana "Aldeia Sankhofa" e, também, membro do núcleo literário denominado "Centro Linguístico i Literário" Em 2018, participou da antologia poética "Nós e a Poesia", em homenagem ao mestre João Tala. Em 2020, participou da colectânea poética "(Uni)Versos dispersos ", organizado pela revista Palavra&Arte.

Rufina Helena Matamba Lucamba nasceu em 1993, no Município da Cela/ Waco-Kungo, província do Cuanza- sul, fez o ensino primário e secundário na Cela, e o ensino médio em Luanda, no Instituto de Ciências Religiosas de Angola (ICRA), curso de Comunicação Social. Actualmente reside e trabalha no município do Amboim como missionária. Participou na antologia dos escritos de quarentena em 2020 e noutras...Tem uma admiração na literatura Angolana e uma paixão imensa nas poesias, contos e crónicas.

Ntony Kunsevi, Yembe, Ex. Poeta das Calças Rasgadas, há 41 anos, surgiu das outras eras aos 8 desejos de Dezembro de dois seres, Paulo Kunsevi e Jorgina António Jacinto, nos verdejantes campos da terra de Kongo dya Ntotela, Zaire-Nzeto. Leitor que escreve poemas, crónicas, contos e outros textos ainda não classificados; Cidadão do universo com os pés firmes em Angola.

Sou **Rosa Armando Nuvunga,** de Moçambique, de 22 anos de Idade. Estudante na Universidade Joaquim Chissano, curso, Administração pública.

Nome: **Gelvado António Lutukuta**, Pseudónimo: Mister Gaio, País de Origem: Angola, País Residente: Angola, Facebook: Oswaldo Gaio

Kélcia Francisco nascida a 17 de Julho, em Luanda. Terminou o médio em 2022, no curso de finanças. Começou a escrever em 2020, durante o isolamento social. Já andou por algumas antologias, e está a preparar o seu primeiro livro. Nome artístico- Keké. O Que a inspira a escrever? Eu. Fernando Pessoa. C. Bukowski. E, Alice de Sousa... São as suas referências.

Osvaldo de Sá, nascido aos 23 de Julho, no município de Lucapa, província da Lunda Norte, balbucia versos no infantil empreendimento. Professor de Língua Portuguesa e História e autor da obra poética Pérolas do Leste.

Aurédny do Rosário das Neves Vanduno: Filho de Gervásio da Costa das Neves Vanduno e de Maria do Rosário Filipe. Estado civil: Solteiro. Profissão: Trabalhou mais concretamente no ramo de comercio , importação, exportação e venda de Géneros Alimentícios, produtos de higiene e eletrodomésticos, é única que até agora exerceu como profissão . Morada: Budo-budo, perto a antiga fábrica de sabão. Funções sociais que tem desempenho: Presidente da Assembleia geral da A.J.E.S, Vice-presidente de Clube dos Amigos da Biblioteca no Liceu Nacional.

Octaviano Joba é pseudônimo de Octávio João Baptista, natural da Cidade de Quelimane(Província da Zambézia— Moçambique). É poeta e prosador, membro do projecto literário afro-brasileiro

IdeiArte- Cultura; foi também membro da Academia Mundial de Cultura e Literatura; Colaborador de diversas revistas literárias electrónicas, e antologias poéticas nacionais e internacionais. Foi seleccionado em 5° lugar com o poema "Brisa do Leste" no concurso "Doces Poemas", da Revista Inversos, e em 1° lugar, com o poema "Seu Amor Morto"no 1° Desafio Literário Internacional da Revista Inversos. Participou no 2° Concurso Novos Talentos de Literatura — José Endoença Martins (2018-2019), da FURB— Universidade Regional de Blumenau (Brasil), na categoria de Conto Terror/Horror, onde foi-lhe atribuído um certificado. E é autor do Blogue Vice-verso (https://octavianojoba.blogspot.com), e de uma página no Recanto das Letras(http://recantodeletras/autores/octavianojoba.com.

Isabel Miguel Dos Santos, de pseudónimo Zanda Isabell, nascida aos 21 de maio de 1997,escrevo desde que me conheço como gente, sem saber que fazia literatura, lembro-me que talvez desde os meus 12 anos. Mas só em 2018 apercebi-me que o que fazia era literatura, desde aí escrevo mais atentamente e busco formar-me, e informar-me sobre modo, e formações de escrita criativa para aperfeiçoar o meu dom. Em 2020 participei na antologia poética feita apenas por mulheres, Volúpia das Palavras, a única obra que tem os meus textos por enquanto.

Pedro Mayamona é angolano, natural de Luanda a 23 de Fevereiro; estudante do 4° Ano, curso de Ciências da Educação, licenciando-se em Ensino da Língua Portuguesa, pelo Instituto

Superior de Ciências da Educação – ISCED de Luanda (2022). Estudou Ciências Humanas, na Escola do Ensino Secundário do 2º Ciclo, Kapolo II», nº 6038 (2010 – 2012).Terminou o I Ciclo do Ensino Secundário no Colégio Boa Amizade (bairro Dangereux – 2009), onde, com brilho e honra, figurou no quadro dos melhores alunos, distinção acompanhada de um diploma de mérito. Professor, escritor (poeta e prosador), o seu livro dianteiro (poesia) intitula-se Perdido Amor, publicado pela Chela Editora (2020). Autor do artigo sobre Os Estatutos das Línguas em Angola, outros dos seus trabalhos podem ser encontrados no Jornal O País; Cultura Angolana de Artes e Letras; antologia Angola - Galiza: Sementes da Língua (2017); revista Palavra & Arte; em blogues angolanos e não só.

Jorge Brás Lelo Pedro, conhecido por Jorge Pedro. É Angolano, natural de Cabinda/Fútila. Desde muito cedo abraçou pela paixão mundo da Literatura e Comunicação Social. É também Gestor Comercial da Fidelidade Seguros Angola. Foi membro do Movimento Literário Litteragris, Atelier D'Artes Lucengomono. Faz parte da UELP- União Dos Escritores de Língua Portuguesa. Tem textos publicados em Revistas e blogues Nacionais e Internacionais. Participou em Antologia TantoMarEntreNós, Colectânea Escritos de Quarentena organizado pela Edições Handyman.

Celestino João Campaxi, pseudónimo Salmista Cortês, nacionalidade angolana, titular do documento de identificação nº 006083566LA047, emitido em 19/07/2018, residente em Cazenga, nascido aos 26/02/1997, cantor, escritor e poeta contemporâneo, já participou em vários concursos literários, sua especialidade no Ensino Superior: Ensino da Língua Portuguesa; é finalista e membro efectivo no Projecto Proidilinter (Projecto Inovação Didáctica Literatura e Interface) do Departamento de Letras Modernas da Escola Superior Pedagógica do Bengo, cujo coordenador é Dr. Joaquim Martinho

Simeão Davvi ou simplesmente Poeta Kandongüeiro, pseudónimos literários de Simão António David. Jovem escritor que vem dando passos miúdos na literatura desde os anos 2013. Nasceu a 18 de Junho em Angola, mukongo de origem que veio ao mundo no ventre de sua mãe Rosita Samuel de quem este assume eterna gratidão. Poeta e declamador, conta no seu historial com participações em Antologias "Pomar De Mistérios" (pela Risandra Editora, 2021), "O Kandongueiro" (pela Massona Editora, 2020) e "A Gente Que Eu Conheço" (pela Ginga Editora, 2019). Autor de "JUGO DESIGUAL" (Fanficção), "GUSMAO NA ILHA KALUNGA" (Conto Infantojuvenil), "O MACAQUINHO MARCOS" (Conto Infantojuvenil), "PAÍS RICO, POVO POBRE" (Poesia), "O GRANDE MILAGRE DA ZOÉ" (Conto Infantil), e tantos poemas ainda não compilados.

Glória Sofia, 1985 nascido em Cabo Verde, em Abril 2019 foi convidada pelas Universidades de Boston, Harvard e Tuffs para uma leitura e conversação. Representou Cabo Verde numa conferência organizada pelo Instituto Camões UMASS, Boston. Participou em Festival Internacional de Poesia em (Curtea de Arges) Roménia (2016), (Istambul) Turquia (2017), Ditet & Naimit Macedônia/Albânia (2018).

Foi nomeada para vários prémios. Possui diversos poemas musicados. Desenvolve várias actividades nas áreas culturais, frequentando várias tertúlias poéticas, com poesias traduzida em mais de 15 línguas e em diversas revistas e sites em que colabora.

Rodolfo Plaina Cachumbo Gando, natural do Lobito, Benguela, é um jovem de 24 anos, residente em Luanda, município de Viana, bairro Zona Verde.Presentemente encontra-se a frequentar no ISCED de Luanda o curso de Ensino de Filosofia. Tem como maiores interesses a filosofia e a literatura. Através desta última, tornou-se em finais de 2019 membro da organização VPA, voltada principalmente à promoção da literatura e da leitura, e comprometida com o desenvolvimento cívico e intelectual dos seus membros e das comunidades em que está inserida.Um concurso literário da VPA, despertou nele a veia da criação literária, e desde então vem se dedicando a adquirir as habilidades e conhecimentos que a literatura exige dos seus fazedores.

Mivalda Moisés José, nacionalidade Angolana, província de Luanda,nascida aos 06/06/2002. Concluiu o Primeiro ciclo no colégio Henriques Valdemira Cambinda. Estudando do penúltimo ano do ensino médio,curso de contabilidade e gestão,no colégio Giavissama e filhos. Escreve textos poéticos e actualmente procura

Ester Diahoha, nasceu em 31 de Maio de 2003, em Viana, Luanda. No ano de 2021, terminou o Ensino Médio em Ciências Físicas e Biológicas no Complexo Escolar Teresiano de Viana. Actualmente, é estudante do 2° ano do Ensino do Português e Línguas

Nacionais na Universidade Jean Piaget de Angola. Apaixonada pela literatura desde sempre, começou a escrever aos 11 anos onde não parou mais, viajando entre a poesia e a prosa. Tem como referências na literatura entidades nacionais e internacionais. Aprecia a arte e suas manifestações, além da literatura, a fotografia e a música também são seu foco.

Afonso kudissadila, estudante universitário no curso de ciências farmacêuticas, ingressou oficialmente nos mares da literatura em 2021, após participar da antologia poética : esperanças perdidas (bancada dos escritores), e estreou mais na coletânea donna: vozes que ecoam (da irde editora), cl o marco da sua carreira literária, em 2022, foi seleccionado na para a 3ª. edição da antologia poética em homenagem aos heróis de 4 de fevereiro.

Armando Botelho é o pseudónimo de Pedro Angelina Armando, nasceu aos 21 de Novembro de 2000, natural do Soyo/Zaire. Tentando ser escritor e poeta. Estudou Língua Portuguesa e E.M.C no ensino médio, na Escola de Formação de Professores do Soyo (EFP), actualmente conhecida como Escola do Magistério do Soyo (EMS) de 2016-2019. É estudante de Relações Internacionais na Universidade de Belas. É membro do Movimento Literragris e da Associação Nacional dos Estudantes de Relações Internacionais (ANERI).

DESTINO VENTURA, natural da Província do Zaire, município do Tomboco, membro do Círculo de Estudos Literários e Linguísticos Litteragris- CE3L, estudante de Relações Internacionais, na Universidade de Belas. Escritor e Crítico literário, tem textos de poesia publicados na Antologia Fio da Palavra (2018); Antologia Nós e Poesia (2019). Textos de crítica literária publicada na Mayombe-Revista Angolana de Crítica Literária (2021, 1º edição) e (2022, 2º edição).

Dnaffe Medina é pseudónimo de Medina Jorge, natural de Nzetu, província do Zaire. É poeta, professor e estudante de Sociologia no Instituto Superior de Ciências da Educação/ISCED – Luanda.

Henriques Fortuna nasceu no Ebo, Cuanza-Sul, é professor de Língua Portuguesa no Complexo Escolar Dr. Américo Boa Vida do Ebo, desde 2020, estudou Língua Portuguesa e Literatura no Ensino Médio, na Escola de Formação de Professores do Cuanza-Sul — Magistério do Sumbe —, andou no ISCED-Luanda em 2017 e 2018, no Curso de Ensino da Língua Portuguesa, é membro da Oficina Literária, criada pelo escritor Gociante Patissa, participou em duas Colectâneas de poesia — *Palavras São Tantas*, 2019, e *Versos de Lírios*, 2022 —. Escreve desde cedo, seus textos passaram a ser conhecidos ao assinar a rubrica de crónicas e sugestões de leituras na Rádio Kwanza-Sul, em 2015 e 2016. É o idealizador do club de leituras *"BAR DO LIVRO"*, com sede no Ebo.

Isabel Sango é natural de Maquela do Zombo, província de Uíge. É Escritora e jornalista. Marcou os primeiros passos no grupo teatral Jovens da Mulemba, tendo a posterior enveredado para a Escrita actuando como co-autora do poemário Vivências Paralelas, junto do escritor Antônio José Alçada. Sango é Estudante de Gestão de

Empresas e Delegada Provincial da Brigada Jovem de Literatura de Angola, bem como Directora de Marketing da Associação dos jovens Escritores de Angola- AJEA. Das suas viagens artísticas, participou de Antologias como: Diário de uma quarentena(2020), Tanto Mar Entre Nós (Brasil,2021), Kandongueiros II (2021,) Antologia feminina pétalas e pedaços de nós, Poesias no Muro, entre outros.. Venceu o prêmio de literatura " Arco-Íris", e o prémio super fã da Record Tv.

Khilson Khalunga nasceu nas terras de Angola aos 24 de Dezembro, amante das Letras e licenciado em Línguas e Literaturas Africanas pela Faculdade de Humanidades da Universidade Agostinho Neto. Tem texto publicado na Revista Palavra & Arte; é colunista residente do jornal O País. Participou da Antologia de crónica "Crónica das arruaças no país das maravilhas".

Luís Kapemba É pseudónimo literário de Luís Rodrigues Pinto Jerónimo. Desabrochou-se ao mundo no dia 28 de Abril de 1997, em Angola-Luanda, onde actualmente reside. É Desenhador Projectista, membro co-fundador do clube de leitura com matriz africana "Aldeia Sankhofa" e, também, membro do núcleo literário denominado "Centro Linguístico i Literário". Em 2018, participou da antologia poética "Nós e a Poesia", em homenagem ao mestre João Tala. Em 2020, participou da colectânea poética "(Uni)Versos dispersos ", organizado pela revista Palavra&Arte. Em 2022, fez parte da Antologia poética "Melhores Novos Poetas de África".

Ntony Kunsevi, Yembe, Ex. Poeta das Calças Rasgadas, há 41 anos, surgiu das outras eras aos 8 desejos de Dezembro de dois seres,

Paulo Kunsevi e Jorgina António Jacinto, nas verdejantes campos da terra de Kongo dya Ntotela, Zaire-Nzeto. Leitor que escreve poemas, crónicas, contos e outros textos ainda não classificados; Cidadão do universo com os pés firmes em Angola.

Satchonga Tchiwale, nasceu em Angola, Província do Bié. É Membro do Movimento Literário Litteragris. 2017, Venceu o concurso de declamação na Tv Zimbo, em homenagem ao poeta maior Agostinho Neto; Participou em várias antologias como: Antologia Internacional "Países da CPLP" POESIA DO FADO E DOS TAMBORES "5ª Edição, 2018";Revista TUNDA VALA II – Movimento Litteragris "3ª Edição, 2018"; Antologia em homenagem ao escritor João Tala "NÓS E A POESIA" "1ª Edição, 2019". Satchonga Tchiwale é Escritor, Poeta-Declamador, Editor de livro, Diagramador, Capista, Design Gráfico, Bailarino, Actor e Desenhista.

Simão Nzombo Antônio. Nasceu nas Ingombota, Luanda. aos 12 de junho de 1978.. funcionário no sector privado. Construção civil. Empreendedor. Tem na literatura, influências trazidas pela cultura hip-hop. Poenta e declamador em tempo livre. É membro do levart Angola. co-fundador do Levart sector Cazenga.. Estreia com textos publicados nesta antologia

Vítor Ricardo: Nascido aos 28 de Janeiro de 1989 na Maternidade Augusto Ngangula em Luanda. Morador da comuna do Neves Bendinha, Município do Kilamba Kiaxi – Luanda. Formado em Contabilidade e Auditoria – Universidade Agostinho Neto. Estudante do curso de Gestão Bancaria e Seguros – ISAF. Comecei a escrever em 2006 (poemas). Em 2014 passei a envolver-me mais com a escrita dedicando mais tempo a ela. Sempre escrevendo poemas e algumas reflexões. Quatro livros publicados: *Miradouro da Lua – 2019; Cartas à Ana Cármen – 2021; Nzoji – Sonhos mutilados e Avessos de um Natal, lançados em 2022(E-book)*. Certificado de mérito da Fundação Arte e Cultura, num recital onde o livro "Miradouro da Lua" foi homenageado, isto aos 29 de Janeiro de 2020.

Lizete António Sitoe ou simplesmente; Lizete Sitoe é poetisa-declamadora moçambicana. Gestora de comunicação no movimento para mulheres *My safe space mz* o Meu espaço seguro, mapeadora voluntária do projecto MAKE & CRIAMOZ, Membro e coordenadora de eventos no *Movimento e Associação Fénix*. Participou do Livro de poeta e escritor brasileiro Edison Botelho *Um quarto de lua* (88 páginas, Editora Palavra Malagueta), participou na Antologia de poesia Moçambicana *+ 258 poemas* de Nélio Gemusse e Luís Nhazilo, participou também na antologia de *poemas em tautoindriso ou da auroda do manifesto* de de Kheron-Hapuch e Daúde Amade. Participou da oficina das escritas criativas patrocinadas pela Procultura na Fundação Fernando Leite Couto. É Administradora do projecto *Arte Demais* e actua como declamadora para eventos como serenatas juntamente com os artistas participantes do mesmo projecto que cantam e tocam instrumentos como violino e guitarra. Modera lives de poesias com poeta e escritor Álvaro dos Reis com titulo *Recital de poesia*, uma inteiração entre Brasil e Moçambique.

Chamo-me Benedito Carlos Ngome, tenho 24 anos de idade, sou Moçambicano vivo concretamente na província de Maputo onde nasci. Já faz alguns anos que escrevo poemas no anonimato, escrevo por diversão. Meu nome artístico é Benedito Carlos.

Larson Da Piedade Bento Fernando, nasceu em Saurimo, província da Lunda-Sul (Angola) aos 23 de Fevereiro de 1999. Actualmente reside em Luanda, município de Talatona. É co-fundador e presidente da Associação Mentes da Literatura (AML), que se dedica a promoção da leitura e escrita criativa, também faz parte da PROFASA (projecto farol do saber) que se dedica a dar aulas ao domicílio. É estudante de engenharia electrotécnica, orador e amante de filosofia. Deu seus primeiros passos no ano de 2015, começando por escrever frases e poemas.

Osório Herno Feliciano Vilanculos Data de Nascimento 02 de Dezembro de 1985 é natural da Província de Nampula Nacionalidade Moçambicana, Filho de Feliciano Charles Vilanculos e de Carolina Aurélio Matavele residente actualmente na Cidade de Maputo-Moçambique

Dalton Alfândega, nascido aos 17 de Maio de 2001, natural de Moatize, província de Tete. Despertou a sua paixão pela poesia no ano de 2016, quando na altura frequentava a 10ªclasse do ensino secundário, declamou pela primeira vez a sua poesia em público quando esteve a frequentar o Instituto de Formação de Professores em Tete, na sua cerimónia de graduação. É Professor do ensino primário desde 2020. Já possui 6 livros escritos não publicados, cujos os seis livros há um Romance, dois conto, e três obras somente de poemas. Já participou no concurso de poesia (Antologia honrando o Eduardo Mondlane).

Niurka da Orla, nascida ao 5 de Julho de 1994, Nacionalidade Moçambicana, residente em Moçambique, província de Inhambane, distrito de Inhambane, 27 anos de idade, solteira, formada no nível superior, História com habilitações em Geografia, na Universidade Pedagógica da Maxixe – Inhambane.

Gerónimo Daniel Mabote, Moçambicano de 26 anos de idade, nascido aos 16 de Fevereiro de 1995, é licenciado em ensino de História com habilitações em ensino de Geografia pela Universidade Pedagógica de Moçambique. Escreve e declama poesia desde os 11 anos de idade. Trabalhou como coordenador do projecto English Network da Smile Mozambique entre 2020 e princípios de 2021. Actualmente presta serviços freelancer no mercado de IT

Leide Tila, nascida e criada em Moçambique, concretamente na província e cidade de Maputo, actualmente moradora do bairro Machava social km 15. Poeta de 19 anos, amante da literatura pintura e apreciadora da arte. Tendo dado início na sua trilha como poeta aos 10 anos descobrindo a paixão pela poesia e desde então não tem parado, a fim de expressar e fazer conhecer a arte da escrita a todos quanto poder alcançar.

João Chico António Santos: Pseudónimo: literatura JC, escreve poesia como forma de dar vida aos seus pensamentos. Mora em Tete – Moçambique

Hilton Fortuna Daniel nasceu em Angola, na província do Cuanza Sul, na Gabela. Escreve poesia desde os 17/18 anos. A sua literatura inclui conto, crónica, ensaio e tem publicadas algumas recensões literárias, colectâneas e antologias pelos países lusofalantes.
Participou, em 2017da Colectânea de Poetas Africanos.
Fernando Paciencia Luteiro Palaia, de 26 anos de idade, natural de Luanda, Municipio de Viana, estado civil casado, licenciado em engenharia Informática. Actualmente professor de Informática. Poeta escritor com participações em mais de duas edições de antologias "BEST NEW AFRICAN POETS".

****

Introdução

A poesia é uma janela para as culturas, histórias e almas dos povos e com esta antologia, buscou-se abrir essa janela para revelar a rica junção da poesia africana, reunindo vozes de poetas de todo o continente e das diásporas. A jornada do Best New começou em 2015, impulsionada por um desejo profundo de criar um espaço onde a diversidade linguística e cultural da África pudesse ser celebrada através da poesia.

A ideia era verdadeiramente ambiciosa de criar uma antologia que abarcasse poetas africanos em todas as línguas e de todos os países do continente. No entanto, sem a ousadia do Tendai Rino, nada disso seria possível. Foi ele quem concebeu esta magnífica ideia e ao longo da jornada uniu-se ao Daniel da Purificação e, posteriormente, à Lorna Zita. Foi essa união de mentes e esforços que tornou possível a realização desta empreitada monumental. Daniel e Lorna desempenharam papéis fundamentais na edição das antologias nos países de língua portuguesa, elevando o projecto a um novo patamar de excelência e alcance. Assim, o sucesso dessa iniciativa é uma prova não apenas da visão visionária de Tendai, mas também da colaboração e dedicação de todos os envolvidos."

Provamos que somos uma só África, unimos nossas vozes para escrever sobre o continente e expressar tudo o que nos vinha na alma. Esta antologia é mais do que uma colecção de textos; é o reflexo das mudanças que desejamos para a África e dos nossos sonhos mais profundos. Cada página é um testemunho do nosso compromisso com a transformação social, cultural e económica de nossa terra. Ao folhear esta antologia, não apenas percebemos o quão longe conseguimos chegar, mas também reconhecemos a força da nossa união e a resiliência do espírito africano. Ver esta antologia é uma celebração da nossa identidade, um tributo às nossas raízes e uma visão inspiradora do futuro que estamos construindo juntos."

Esta antologia em particular reúne poetas de países como Angola, Cabo-Verde, Guin Bissau, São Tomé e Príncipe, Moçambique entre outros. Com estas edições comemorativas, esperamos não apenas celebrar nossa jornada, mas também inspirar novas gerações de poetas e estudiosos a explorar e valorizar a riqueza da poesia africana. Esta antologia é um testemunho da diversidade, da resiliência e da criatividade dos poetas africanos, cujas palavras continuarão a ecoar e a inspirar por muitos anos.

Sonia Rabalo

Farma de ser

Com a minha forma de ser, calma e amorosa, eles pensam que sou indefesa...pobre tolos!!
 Não me conhecem!!!!
 Nos momentos decisivos eu sou...
 O furacão que varre tudo,
 O Tsunami que empurra com força tudo o que aparece à sua frente,
 Sou a raiva, a ira,
 O som ensurdecedor da trovoada,
 Sou a beleza perigosa do relâmpago que com a sua energia própria queima, mata,
 Sou o vendaval que vai ganhando força,
 Depois...
 Depois o vendaval vai acalmando...devagarinho!
 A luz do relâmpago enfraquece,
 A trovoada fica muda,
 O tsunami recua,
 O furacão desaparece,
 A calmaria regressa...
 Mais calma que nunca, o sorriso renasce, os olhos brilham, a lucidez volta!!
 ...Mas o coração? Ai o coração!!!!
 Este fica com mais uma cicatriz... e devagarinho, bem escondido, vai recompor-se porque sabe que mais tarde ou mais cedo outra tempestade voltará!

SÁBIO LOUCO

Tenho guardado uns poemas

que nunca te cantei (melhor gratidão não sei
que um dia cantemos juntos;
Os que nunca te esqueci
os que nunca me ocupam
para que me incida um tamanho espaço
onde os nossos momentos te mantém viva
Há muita pena em vão nesta vida
havia e têm graça, a paz que me invade
quando te das viver, tenho guardado uns poemas
na gaveta do tempo, outros na loucura
em ter nascido foi bom e oh como te xinguilo

Promessas, proibições & n'zaia

..é da praxe, qualquer peace; - da trouble - custa a life
- risca o smile um kibetu, e memo ter peace na jingueleja
quem aguenta?! ora nvunda um quizango
ora kibide guda nos primata e selvage
Ou a malta so merece ter mbenda de carne tipo é nboa fresca que chegou ontem
do km 30!?? Crisados. Golpeados. Chinados
lembro do kibadachi...metiam-se garlas que pinavam nos congó;
caçubulavam uma qualquer inbula: - dava potra ruela da terrex a, becaça
ti da polícia via pó
Quando não aguentava socos de um mais verde, kim sacava um beli
até mãe se acudia: kim chinava. Confusos.
Assustados e mal percebidos: assim nem n'dengue
nem kota nem nada sobrará para contar as histórias
Para todos Os seus amantes. Haja um dia de sol puro...
é da praxe, qualquer chuva
fertiliza

A cair aos pedaços mas... não, não

Não. Não, desisto dos meus sonhos...
- sábio, o sono, foi tirado
sonhe acordado,
- Yha!! o lugar ao sol me foi
ocupado;
serei um dia novo, um rádio, de ilusões.
Um pára-brisas de emoções.
Lendário. Intemporal
a lua vem a fascinar mais do que a terra
ultimamente Yo
Ye o filho da dona Tresa
o "barra" do Nelito Soares
(A Lino Amezagas está tão mudada!)
solta poemas
Dédé, o Juca, o Fidel
o Mano e eu Cucu
Uma vida depois!!
recente original Ub 40 nas paredes
Sonhador na tarde densa
Bons tempos...
One Love.

******

KATYA DOS SANTOS

DESUMANIDADE

Com o mesmo sorriso que choro pelas lágrimas que derramo em alegre aflição,
Condeno minha condição humana face a desumanidade vivida em nossos dias.

A certeza de que somos amados é uma ilusão adormecida no sonho de quem já partiu;
Eternizada pelo acidente da própria existência na medida acidental da nossa incoerência,
Adiada para um terno eterno de esperança paradisíaca no cume dos medos infernais.

Não sofro menos se a felicidade proveniente de meus atos,
Esteja patente em uma única hora de muitos dias tristes,
- Carimbando um sentido sem sentido no caminho mais certo do incerto.

E antes que desista ingrata das buscas que me fazem humana,
Embalsamo já com pranto sem retrato, o que penso que seria se o pra sempre fosse sempre,
- E não o amanhã esfaqueado hoje por conta da incompreensão do ontem.

De mim... Nada. Nada mais de mim como tudo dessa vida que já foi.
De mim, nada mais se ao acordar me ver viva diante do que poderia ser.
De mim, só esse fôlego cansado de vida em suspensão.

E mais nada.

Buscas

Ainda busco como quem procura o mais óbvio mistério,
A explicação de um qualquer abstrato natural e certeiro.

Ainda vagueio no que somos desde os primórdios da criação,
Na busca do melhor em um plano de maior humanização.

A medida que planto meus sonhos na verdade universal,
Desperto do abandono paradoxal sobre o encanto divinal.

São buscas desesperadas por citações e explicações,
São noites de reflexão após horas de sexo sem alguma excitação.

É o ventre do universo sangrando em um só verso,
É a vida poetizada na encruzilhada de um mundo controverso.

É a incontornável busca,
De nada em nada, até ao próximo vazio em fúria.

Sensação

Presenteio a calma com pensamentos lúcidos,
Trabalhando a lucidez com a loucura oculta.

Fugindo de palavras, tristezas e dores,
Abençoo as letras, alegrias e fugazes paixões.

Falo mal do mau e bem do bom,
Falo bem também... na pele do mesmo farrapo.

Insiro probabilidades, reúno indiretas à frases diretas,
Evito que dramas se transformem em incertos traumas.

Vivo, respiro e padeço,
Cresço como quem se viu falecer.

Nem amor, nem ódio, só ócio, agrado consagrado,
Só o trapo jogado no chão, medida sensação.

Escrevo o que penso,
E não consigo descrever o que sinto.

Sabe?

******

DILEN JOSÉ

INCRÍVEL

É bom que vejas
Tenho liberdade
Tenho fogo na alma.
Olha! As estrelas.
Vais gostar delas.
Finalmente tenho uma história.
-Tás bem?
Vou buscar
O oceano.
Pode ser?
-Vomitaram na água
onde metemos os pés.
Ainda não morremos.
Deve haver uma saída!
Doloroso e o desagradável
Pensem numa outra coisa.
Quero que todo mundo saiba
Que o petróleo já têm pouco tempo
Para salvar a grande princesa Angolana.
Nem tão pouco para os vindouros.
Não tentem
Disfarçar mais.
Não estão rodeados de amadores.
Ser repórter é o mais difícil que pensava.
É bom ver com os olhos
E não com a mão.
Há que se pedir
Primeiro a Deus
Antes de tocar.

1975!40 de independência.
A muita gente a confundir:
Insucesso de vida
Com frustração.
Eles não conseguem ver...
Imberbes. Devem estar perdidos.
Mas tenho a certeza que voltas a matilha do entendimento.
Seja demasiado duro contigo
Não esperes demais.
Tente andar em círculo.
-Olá1975
Oh! 40 anos de independência.
Venham...
Tens que nos portar bem
Não estou a brincar.
1975 foi fantástico
Conseguir não foi?
O macaco faz malabarismo
A bola de cristal adivinha
Não estou feliz com esta sina.
Tenda dos Gimbas
Rio de elefantes
Muita correria no nosso futuro...
O teu cabelo
A tua tiara
Não escapa tão fácil do ser feminino.
Agarra a minha mão.
Sê carapinha
Sê fantástica
Sê frontal
Sê angolana.
Oh! Jardim suspeito
Senta-te.
Temos um problema
700 baris etílicos
250 números de fruta
1000 diversões.

Mas é fantástico? Eu duvido!
Aqui um túnel
Não sei onde vai dar.
Estamos presos
Completamente presos.
40 anos estamos em sarilhos? Eu não sei. Será que precisamos mesmo da tua ajuda? Nem conseguimos controlar a inflação.
Ah! Temos que nos domesticar
Ah! Temos que confiar em nos.
Eu sei que assusta um pouco
O tempo está a passar
Temos que domar o mar.
A grande aventura
É a viagem da vida.
É preciso doar
É preciso voar sem medo.
Uma grande aventura
Não é ser bêbado tão jovem.
Vê como isso não é bom!!!
Temos que conversar
Para partilhar.
Vê se relaxas a mente
Com um kuduro consciente.
Momento musical
Músicas obesas de violência
Resultado final da nossa Transformação.
Vê se me tiras daqui...

PAISAGEM

Uma profissão de fé continua dispersa em meu canto.
Aqui nasce o meu poema
Não posso viver senão em minha própria terra.
Não posso viver sem pôr os pés, as mãos e o ouvido nela, sem sentir a circulação de suas águas e de suas sombras, sem sentir como minhas raízes buscam em seu barro pegajoso as substâncias maternas.
Mas antes de falar de ti
Fiz uma oração.
Um descobrimento que agregaria uma nova camada ao desenvolvimento de minha poesia. Detive-me em Angola e subi até a SERRA DA LEBA. Na época não havia estrada. Do alto vi os seios da mulher mumuíla construído de barro pelo altíssimo Deus, pai do verde. Perto do rio KWANZA. Senti-me infinitamente pequeno no centro daquele umbigo de greta, um umbigo de um mundo desabitado, orgulhoso e eminente, ao qual de algum modo eu pertencia. Senti que minhas próprias mãos tinham trabalhado as águas em alguma etapa distante, protegendo a flora, alisando os vegetais.
Senti-me Angolano, africano.

MAGNO DOMINGOS

Quando foi tomar banho

Notou que a água que escorria corpo abaixo
levava consigo lama
tanta lama
que a cabeça não parava de tentar entender de onde vinha.
Só a noite no sono conseguiu ter um "glimpse", uma pista que levou-lhe a pensar... Ah, aquilo vem do esconderijo, vem da máscara, do excesso do "eu".O mesmo ego que cobre todos os buracos da alma e momentaneamente os transforma em glória, em aplausos e elogios. Porém, a continuidade continua. A autoridade autoriza, e ninguém tem espaço ai onde pé pisa e chão treme. Era lama do pastel, o pastel da autoridade, autoridade que confunde a confusão que oculta, o oculto que cega, a cegueira que trava, o travão que encalha. Quando for tomar banho, dispa-te... Dispa-te de ti.
Na hora assim vida vive
Ando de mãos dadas com a malDADE
Com almas vazias que não têm pieDADE
Seres que vivem na sujiDADE
Em cujo corações não existe verDADE
Vivo abraçado com a enganaÇÃO Com gente que usando seduÇÃO
Levam ao caminho da perdiÇÃO
Cerquei-me do falSO E não vi o percalÇO Que veio ao encalÇO Do meu pé descalÇO Afinal de contas só apenas humaNO E muito angolaNO Sou bem africaNO E me chamam de MaNO Ando de mãos dadas com a malDADE impieDADE SagaciDADE com ansieDADE De usar ambiguiDADE
Tem vezes que bem-feito
Não é o enfeito
Que fica perfeito
Para um coração desfeito
Seres que vivem na sujidade
Mas vou- me refazer, não há makas, Luanda 2015

No Calumbo baza mas não sabe de kaquilá
Tranca a cara quando vê os wis que tãoilá
Nito, Mbanza, Ikono agora são de lá
Chefe mbora lhes prende, lhes torna Mandelá
Se maratona da cuca te distrai
Sou imbodeiro que inclina mas não cai
Se comício do M te atrai
Nem pistola na nuca me contrai.
A mudança que esperas virá de quem mais?
Se tudo atrasa na hora que teimas.
Rosa Conde e Laurinda largaram aventais
Pela nação todos os dias enfrentam canibais.
Larguinda o tó copo
E escuta só um poço
Não sou o papoite, me chama de avoite
Não to a dar açoite, isso é pra mamoite.
Mesmo acabado, avacalhado, acabrunhado, amargurado ou ajumentado. Não fica distraído.
Luanda 2015

O primeiro filho dela é o Zé.

Zé é uma espécie de desabrigado mental
Do tipo que luta contra tudo e todos
E chupa o ranho que sai das próprias fossas nasais.
É tão nojento que toma banho com água mineral
E vive embrulhado numa antropofobia ilhada em cada morro que encontra
Malandro mor, nem chinelas tem
É o primeiro filho dela
Mas não nasceu primeiro
Foi cuspido da Sibéria num vómito de vodka
Depois de rasgar as entranhas da própria mãe
Asqueroso
Zé filho da mãe
Filho do pai também
porque o pai
aquele bêbado
Esperava a ressaca para escrever testamentos
Malandro mor, nem chinelas tem
Mas cuidado, que o Zé é mau
Vampiro antigo tem duas cores
Se tem dúvidas pergunte ao miau.
O primeiro filho dela é o Zé.

*****

Luciano Canhanga

MANO DÉCIMO

Mona-a-ngamba de nascença

Cedo procurou libertar-se

E conseguiu

Tempos depois

Na moda das tarrafas extra bairrais

A mona-a-ngamba voltou sem ais

Agredido na honra

Espoliado no suor

Chifrado no sentimento

Jazz Mano Décimo

Ano dez no ralo

Refúgio no submundo é tenda

Há anos trocada pela mansão urbana

Cima a baixo percorre calçadão

E recupera o amigo papelão

Há anos substituído p'lo cómodo colchão

E sobrevive, Mano Décimo

Chifrudo

Sangrento

Esvaindo-se por todos poros

- Bebeu do veneno

Proclama a vilã

- Engordou a cobra com suor

Dispara condoída a irmã

Sem ópio que dor amortece

Nem frasco que tudo esquece

Vive e quase enlouquece

Mano Décimo caminha a leste

Do Kuteka à Irlanda

Carregando o peso do nada

E, aos poucos, desfalece,

Mano Décimo.

NO MEU IMAGINÁRIO

Ei-la sorridente

Vestida de preto, cinza e branco

Brilha ao sol de Julho minguante

Na cabeça, trança esperança

Filho derradeiro às costas

A filha puxa pela mão

Rumando a caminho do sol

Seu destino é sul

É norte, é leste

É oeste, são ilhas também

Trilham quilómetros

Partilham conhecimentos

Mostra caminhos e alimentam sonhos

Quem é ela?

- Mulher africana!

DE BAIXO DA PONTE

Homens de longe
Sem moral nem norte
Destilam ureia na areia
Distância rogando boleia
É a ponte que todos rodeia

Mulheres talhadas na vida
Emprego fecundo na via
Desfilam carnudas vadias
Debaixo de ponte vazia
Quem és tu mulher-a-dias?

Jovens temperados na rua
Sem sorte perdida crua
Disputam sobras
Procuram sombras
Buscam sossego roubado
Pela água infiltrada no telhado
Escapada da ponte ruída

Crianças da escola destruída
Sepultam sonhos
Riscando na ponte desenhos
Em troca, largos desdéns
Mas a vida corre debaixo da ponte!

*****

Milton C. André

Segunda feira

Foi uma mera segunda feira.
Nada mais nada menos que uma segunda feira.
Porem, muitos odeiam so de ouvir falar em seu nome.
Fora aqueles que o bom uso da mesma o fazem.
Segunda.
Pobre segunda.
Não ouve uma alma se quer que assumiu gostar da segunda.
Embora a segunda feira seja um dia normal como todos outros.
Pois a segunda tambem lhe proporciona as mesmas 24 horas que os outros dias da semana.
Cujo nela tu podes resumi-los em dias compostos por exitos ou derrotas.
Ou seja, esta mesma segunda tambem lhe pode proporcionar momentos de alegria, muita alegria. Da mesma forma tambem lhe pode proporcionar momentos tristes.
A segunda nao pode ser criminada e nem descriminada.
Porque a culpa nao eh da segunda.
Ela simplesmente quiz proporcionar momentos felizes e unicos tal como um outro dia normal da semana.
Segunda.
Oh, pobre segunda.
Sei que tu nao fizestes por mal.
Sei que es julgada injustamente.
Por isso continue sendo o que tu es.
Nao deixe de ser segunda.
Tal como fora dito por alguns sabios "impossivel é agradar a gregos e troianos"
Por esta mesma razao, continue sendo quem tu es e se feliz.
Porque quem te julga, é porque nao a conhece, pois que a conhece nao a jugara-ra.
Segunda.

Nao te apoquentes segunda.
Se segunda.
Pois vezes ha que tu tambem trabalhas e das trabalho.
Tal como outros dias da semana que tambem dao trabalho e trabalham.
Sem ti segunda, a semana nao estaria completa.
Se tu mesma.
E quando lhe perguntarem o porque que fizestes isso.
O porque que decidistes ser segunda?
So responder "filo porque quilo"
Pois alem do criador, mais ninguem acarreta a autonomia de julga-la.
Segunda.
Segunda.
Se tu mesma segunda.
Pois a semana nao teria sentido sem ti.
Tu preenches as lacunas segunda.
Ohhh, Segunda.
Segunda.

Bem haja Segunda.

*****

Chama-me Peregrino

Chama-me peregrino.
Chama-me viajante.
Chama-me passageiro.
Chama-me itinerante.
Chama-me caminhante.
Chama-me explorador.
Chama- me caminheiro.
Chama-me viajor.
Chama-me viandante.
Chama-me efémero.
Ou podes Chamar-me evanescente.
E se quiserdes podes até chamar-me nómada.
Porque desta vida eu sou apenas um passageiro, tal como tu, não estou aqui para ficar permanentemente.
Vivo de malas prontas, porque cada milésimo, segundo, minuto, hora, dia, ou seja qual for a circunstancia do tempo, eu me movimento de um momento para o outro.
Vivo de malas prontas porque cada momento que passa, pode ser o meu momento a passar.
A passar dessa para outra.
Passo a passo seja fisica ou mentalmente eu me movimento e tal como um peregrino em terras alheias dedico-me ao aprendizado, de quão extraordinário eh o meio que nos rodeia.
Vivo aprendendo e aprendo vivendo.
Sou um peregrino portanto tento tanto não me apegar aos bens que cá encontro, sabendo que tais bens podem ser removidos com um simples sopro.
Chama-me viajante porque ando de malas prontas, e pronto para a qualquer momento me juntar ao criador, sendo eu uma criação, com uma humilde noção, de que ninguém eh fixo nesta ou naquela nação, e que isto eh apenas uma encarnação. Chama-me peregrino, porque depois de alguma meditação ou oração conforme eh definido por alguns, eu próprio chamo-me peregrino.

■■

Daniel da Purifacação

POEMA POETA POESIA

cuando la muerte avanza
y los estragos son inconmensurables

cuando el dolor
pasa cerca sin pudor alguno

cuando la soledad
busca corazón para quedarse

cuando el lugar es más que un sitio para vivir
y grita inmortalidad

cuando el paisaje
está en los ojos pidiendo ser contemplado

cuando el amor
duele porque el corazón siente

cuando el hambre
aprieta y machuca

cuando la tarde
calienta su rostro

cuando el sol
muere ahogado en el mar

cuando la nostalgia
es la única que queda tocando la puerta

cuando las palomas
murmuran amor

cuando la aurora
nace todos los días

cuando en la playa
el verde se pierde en el azul

cuando en las brasas
se asa el olor que siento

cuando las gaviotas
marcan el regreso de su camino

cuando la luna
llega invitando obscenidades e indecencias

cuando la música
toca fibras de los adentros

cuando las féminas
enseñan los "dotes de la natura"…

es cuando nace el poema
es cuando el poeta está presente
es cuando se hace poesía

*****

Así como siento el aire pasar

tocar mi rostro,
quisiera que el me cargara,
con esa levedad que caracteriza su esencia,
que simultáneamente evoca su presencia,
llévame,
quiero desposeerme,
quiero ir amigo,
pisar otros terrenos,
hacer nuevas aventuras,
conocer otros lugares,
dormir con otras mujeres,
hablar de otras cosas...
quiero partir,
dame ese privilegio,
quiero otro tipo de soledad
quiero un dolor diferente,
no basta el tabaco ya fumado,
los licores ya tomados,
mi indiferencia carcajeante,
mi miedo a sufrir lo mismo,
la luna bajo los mismos sueños,
la falsedad con la amistad de los mismos predicamentos,
llévame amigo,
dejemos los sonidos del ayer,
las melodías de costumbre,
ya se canso mi melancolía,
ya se aburrió mi pobreza,
ya se desespero mi conformismo...
llévame amigo, pero
olvídame bien lejos de aquí,
te doy todo mi permiso
mi total consentimiento,
llévame amigo,
que solo quiero ir,
solo quiero que me lleves

Angelo Reis

Mais e mais

Mais
Eu quero mais
Mais desse mambo que se chama
angolação
é tipo música
cuia bué male
é desse tipo de música
que Nao pode parar
Ela é o preámbulo da farra da noite enteira
chegando a ser farra completa
descrevendo nossa vida inteira
Porque ela se chama angolação
Porque ela já é angolação (Em si mesma)
Porque com ela se baila e se faz angolação
Pois
Nós sempre construimos a angolação
Ela
Vem de dentro
Traz muitas historias diferentes
Causa bué de graça
Mas também dá vontade de chorar
Inspira e se inspira na mágoa
Não esquece de jeito nenhum as saudades
Ainda que as vezes esta assume um papel traidor
Pelas lágrimas que traz
Mas afinal ela é a angolação, a nossa angolação
Euéééé ...

*****

Ângelo Reis

Nzila flor de África

Nzila flor de África
Palco de sofrimentos
Espelho de exaustão
Chamusquei algumas folhas
Secas na planície agridoce de África
África que és tu mulher contemporânea
África dos nossos ancestrais
Silêncio de Nzila nas planícies de África
Que onde se elevam as tribos Tutti
Nos emaranhados da leveza
Onde os gritos da selva se elevam
Para além das figuras
De guerra e lanças nas mãos
Onde o grito da liberdade
Se expõe para além dos aguilhões
Nzila de Tutti África de todas as Áfricas
Cirurgia do povo filho de mães negras
Que escreve o ódio reflectido nos olhos
Fervorosos de dor e luto dos seus filhos
Feitos escravos
Adeus emaranhados do norte
Adeus selva africana do sul
Adeus Nzila de Tutti…

******

Claudia Cassoma

Eu Vou Voltar

aos sofrimentos que eram só contar
às suas formas de dançar
eu vou voltar
aos baldes com cana na cabeça da minha mãe
às longas viagens a escola do meu pai
eu vou voltar
aos que dançaram alegria sobre os corpos avermelhados
aos que sonhavam abraçados as armas de fogo
saberei das borboletas que lhes dançaram ao estômago
ao choro da senhora que já não tinha o filho ao colo
eu vou voltar
aos cafezais por onde ficaram
pedaços dos meus
pedaços dos teus
voltarei a pisar os pés nas salas
que foram minhas
que foram tuas
sentarei nas carteiras manchadas pelas bundas dos senhores de hoje
ouvirei dos miúdos que como eu ainda creem
eu vou voltar
verei nas suas mãos armas que serão flores
nos lábios bafos que suprimem dores
ao passado que nos fez chorar
eu vou voltar
ao futuro que foi apenas sonhar
à esse tempo outrora batizado utópico
eu vou voltar

*****

Amor a Retalho

abraço os poucos beijos
teus dias de anseio
descarto as horas marinadas
sento só e espero
rogo ao cair dela
pitada de minhas securas
chegar de suas acções
a plenitude das sensações
fim dos dias exaustos
beijo de tempos sôfregos
suplico corrente de tempos
o ficar de tal dores
ainda que sem flores
a mais extrema solução
qualquer dor me despreocupa
me deixo então ser
recipiente de suas frustrações
abraço os falsos orgasmos
teus dias de desamor
descarto os mudos choros
deito pronta e vou

*****

Dramático?!
Hélder Simbad

Acto I
Cena I
O poeta com a retina nos tempos
rabisca versos com dentes de aços
versos pedras nos sapatos de deus

Cena II
A vida do poeta no telefone
atravessa os segundos da fibra óptica
Os olhos fotografam a coreografia dos perigos
(Esquizofrenia na frenética alma)

Cena III
O velho
qual camaleão mestre
apoiandando-se à bengala
o porco de óculos a ler o passado
o engraxador da cor da graxa
a criança que dispara brincandando
tudo assusta

Acto II
Cena I
Uma prostituta latino-americana
ou uma deusa grega e angolana
a mando do general Kahoyo

Cena II
Uma boca salta do jornal e dispara:
- Há beijos que induzem comas
O poeta é o prato na mesa do gazeteiro
qual Jesus chicoteado por afiados verbos

*****

Acto III
Cena I
Uma carta sem lirismo
o pescoço na corda da morte
uma ausência gritante
versos queimados
ou escondidos
no bolso da verdade

*****

Conto fantástico
Hélder Simbad

Eu digo:
Pelos intermináveis esgotos do sonho
canalizo o energético poema
ligando-o aos fios eléctricos
por onde se escoa o sangue

Eu digo: passa o poema
(sonhando) passa o poema que me sonha
bombeado pelo frenético palpitar
do coração marimba

Não!
O espírito do poema
ou a baba de deus
escorregadia e pegajosa
desce
pelas velozes cordas da luz
ou pelo triangular ciclone
e me golpeia pelas laterais

Poema com dentes de morder
Poema que me sonha

Invocar um instante apocalíptico
como um cristão
rico
de pobreza
e morrer neste instante
sonhando um inacabado poema?

Sim!
Seria perfeição
o sonho de um deus realizado
no limite do infinito

Eu digo: esqueci-me
Porras

Como direi?!
Um poema viajante
com cintilantes rosas
polvos e rosapolvos
a voar por mares
(sonhando)
a flutuar por céus
(sonhando)

Um poema
com origem em si
percorre
o frágil corpo
em transe
seu impulso
giranda pelo cadáver
fora
impedido
pela tampa da caneta
explode-se-me

Seu ímpeto atravessa
a carne dos dedos
os transparentes abismos da caneta
a tenacidade da tampa
a terra que não sonha
o sonho da terra
e vai além sonho

Do alto regressa
sonhando se sonha
e seu nome será
alguma coisa
Sem género

Urgência
Britos Adriano Baptista

Eu preciso partir
Para qualquer lugar
Partir daqui
Partir de mim
Partir somente

Eu preciso partir
Para horizonte qualquer
Para ser eu e nada mais
Pois aqui nada fui
E nada sou

Eu preciso partir
Sem demora
E levar comigo
O nada que fui e sou
E nada mais

Eu preciso partir
Para gente alheia
Lá serei um qualquer
Menos o nada
Que aqui fui e sou

Eu preciso partir
Com os meus eus
Para voltar para mim
Cheio de eus que não fui
E não sou

*****

Confidência
Britos Adriano Baptista

Estávamos a sós entre o teto e as paredes,
Eu e ela a sós.
Embrulhamo-nos num olhar,
E num beijo novelesco beijamo-nos novelescamente.
Incorpóreos, abraçamo-nos como se fosse a última vez.
O suor floria-nos a pela como flor espreitando a terra
Na queda da madrugada fria de Junho.
Despimo-nos por completo e atiramo-nos numa cama de papel
Coberta de virgem neve, estávamos num céu terrestre.
Já que não se faz amor, inventamos amor,
Num tempo em que o tempo nos aplaudia encantado…
Despidos da aprisionada lucidez, vivemos a nossa maior liberdade.
E num demorado êxtase, um orgasmo mútuo fecundando na palavra
Deu origem a este poema.

*****

O preço do meu silêncio
Britos Adriano Baptista

Queres comprar-me o silêncio?
Eis a minha condição:
Leve contigo a fome e miséria
Que me inventas.
Desligue os brinquedos de pólvora
Que matam meus manos e manas
De crianças ao idosos,
Lá nas matas do medo.
Lá onde não parece Beira
Que seduzia-me os olhos.
Lá onde há sangue correndo como os rios
Prestes a vomitar águas em cheias.
Leve para longe de mim
Esse teu falso sorriso,
As promessas não cumpridas,
A utópica ideia de desenvolvimento.
Leve contigo o peso da ira
Que me amarrota o semblante.
Leve contigo esse sofrimento e humilhação
Que em mim plantas com injustiça.
Devolva a felicidade que me roubas.
Dê-me os teus palácios de Belo Horizonte.
E leva esse horizonte vazio
Esvaziando o meu olhar.
Em troca dou-te a minha humilde palhotinha
Em xipamanine,
Lá onde ladrões são ladrões...
Venha viver aqui!
Venha viver no gueto.
Venha viver no avesso da cidade.
Em troca deixa-me viver no teu luxo,
Assim talvez seja bom para nós os dois.

Leve contigo esse teu falso capitalismo
Que merda-me tudo e descapitaliza meus bolsos,
Minhas contas bancárias e faz-me dever-te...
Dê-me toda a tua riqueza
Oh príncipe da luxúria!
Dê-me o teu sorriso
E leve-me as lágrimas que me habitam os olhos
Nublados de tristezas.
Dê-me o amor que não tens,
A sensibilidade que não sentes.
Dê-me tudo de bom
Que não tens e seja o que não és comigo.
Devolva tudo que me tiraste injustamente...
Prenda-te nas tuas injustiças
E desprenda-me das tuas mãos insanas.
Mãos que me submetem a ti e ao teu regime ditatorial.
Dê-me liberdade
Oh bom diabo!
Por fim deixa-me urinar no corpo da falsa democracia
Sepultada na tua mente, e chorar de alegria
No túmulo da tua ignorante inteligência.
Só assim terás o meu silêncio.

*****

Filha das ruas
Augusta Jorge

Porque tiraste-me da rua
Para que eu seja sua

Cobria-me do frio dela
Acompanhada de suas estrelas
Do seu luar
Das noites escuras e chuvosas

De dia vivo o sol
Que faz-me sentir tão quente
Que nem uma cama ardente
Eu vivo nessas ruas

Onde o pão é só em pensamentos
A dor aperta no meu peito
Eu vivo nas ruas

Não sei o que é um abrigo
Porque nunca me foi dado
Eu sou da rua
Onde a solidão é o meu colchão
O silêncio o meu rumor

O coração não sabe o que é a paixão
Eu represento a minha própria ruína
Por tornar-me heroina
De tanto sofrer, nem sei mais o que é ser feliz
Ainda assim vivo a rua

*****

Sou este mundo
Augusta Jorge

Um lugar onde todos vivem
Mas ninguém encontra-se

Esconde-se num semblante
Que apresenta ser salutar
E nada é surreal
Quase tudo parece brutal

Não me abandone nesse ciclo vicioso
De dor sem fim
Onde alguns comem capim
Onde sem mais esforço
Deito-me onde haja algum enconsto

Lugar onde vivo frio e calor
As cores e o incolor
Mas tudo com muito amor.

*****

DESPRESO
Bruno Santos

Veneno, em forma de cianeto

Respirar o ar do epicentro,
Catalogamos falsos,
E os colocamos selos
Made In China...

Circuncisão mental,
Aonde prepúcios
São o proprio
Hipotálamo...

Conforto debaixo das árvores

Folhas caiem neste outono
Virtual,

Sapos e rãs coacham no lago
Do meu pensamento...

Não me despreses,
Sou um homem de valor,

Sou exclusivo aos teus olhos,
Não me despreses,

Observa a minha mudança,

Sou feio sim,

Mas mudo,

Porque hoje sou uma lagarta,
Mas quando sair do Casulo,
Serei uma linda borboleta,

Que estará em cima a voar
Sobre as vossas cabeças!

*****

MATERIA VIVA
Bruno Santos

Correr atrás dos sonhos,
Materializamos ideias,

Organizamos momentos
E escrevemos poesia,

Renovamos os momentos e
Planeámos palavras,

Articulamos a gramatica,
Depositando frases,
Amamos e romantizamos,

Forjamos e lapidamos,
Transcendemos, nos
Movimentamos parados,
Mas somos o que somos,
Liricistas, ativistas, verdadeiros,
Viajamos com a caneta,
Para mostrar que somos artistas!

*****

Cego Visionário
Carmona Polá Júnior

Sou eu o cego e visionário,
Vou seguir cegamente a minha visão nesta senda
Até onde as cores não mais existirem e
A diferença entre preto e branco não mais ser diferente...

Até onde a força de gravidade perder a sua capacidade de atracção,
Tornar-se fraqueza, o sol perder o brilho e
A terra se separar de seus movimentos de repente...

Até onde todo o sempre se tornar nunca e
O tempo perder a sua existência...
Até onde a minha voz deixar de ser eco, me livrar de todos os alteres sociais e
Descansar pesos na minha consciência...

Até onde todos os sabores da vida e da ciência perderem o gosto e
Não importar mais o desempenho,
Tudo que faço converter-se em legado, eu não mais existir e
Morrer a única vida que tenho!

*****

Cláudia, Minha Irmã
Carmona Polá Júnior

Cada vez que eu penso em ti,
Rochas de sentimentos Caiem sobre mim
Apedrejam a minha alma,
E abrem feridas com fundidade sem fim!

Cada vez que eu penso em ti,
Se desata o nó do silêncio das minhas cordas vocais…
O barulhento silêncio da sua partida,
 É violentamente esquartejado pelo pacato grito sem som!

Cada vez que eu penso em ti,
O rio que há em mim, Lentamente transborda…
As suas fracas correntezas tiram-me a resistência!
Sinto muitas saudades suas, Minha irmã, minha gorda…
Tu perdeste a vida mas tu não perdeste a existência!

*****

Odisseia dum Plebeu
Carmona Polá Júnior

Sou plebeu de nascença,
Desgraçado na minha opulenta pobreza;
Fui Nascido e educado como gente sem poder nem influência!
Desde sempre fui Ignorante sobre coisas básicas.

Sou Combatente veterano de guerras pacíficas...
Tornei-me general de toda incompetência militar!
Guerrilheiro das mais inseguras trincheiras...
Fui um pobre desertor do seio familiar!

Fui, sim, roubado por Velhos Soldados...
Treinado para resistir contra a resistência!
Fui Ensinado a não ensinar o que sabia,
E aprendi a não aprender o que aprendia!

Eu, assim como os outros Plebeus,
Cresci, reconhecendo a minha pequenez
Nunca tive sede de poder,
Mas sempre tive fome de comer!

*****

Ser um Homem-Deus
Cátia Regina Correia

viverás obras completas
No enredo dos seus próprios Passos
Realizará com o ímpeto
De tuas Mãos
no intelecto ,na força
Do teu próprio espírito
Eu & Eu
Realizará os presságios
De caminhos nunca
Antes trilhados
Através de uma intuição mágica, aptidão nata
Fruto da Genética
De africana Realiza
Presságios cantados
Pela voz do seu ancestral
Conduzirão a tua dança e a dos teus irmãos
Coreografado por zambi
Em dias de festa
Onde a paz e a união
Do teu povo
Te farão recostar a cabeça
Tranquilo em teu leito.
Segredos da noite
Toda madrugada
Levado por suspiros
Meu calor
Atravessa estradas
Entra na maresia
perpassa intransponível
Pelo vento
E corre mais rápido
Que a luz do sol
Que inda logo chega
Pra pousar em teu corpo

Antes do nascer do dia
Amanheces com um sorriso
Da visita que te fiz
Em espírito
Nos nossos encontros
De sonhos

*****

O que fazes da vida?
Cátia Regina Correia

No sono leve ou profundo
pálpebras tremulam
saem involuntários
sussurros segredados
balbucios
Meu espírito dança
languido em sonhos
e meu eu me conta segredos
viaja, conhece mundos
aprende idiomas
nunca dantes ouvidos
metafísico
O sol daqui brilha forte
e não queima minha pele
eu sou o sol de meu
uni-intra-multi-verso
Alma translúcida
fonte inesgotável de energia
Sou a arte, penso e sou ouvida
crio teorias e as desfaço
analiso, julgo e absolvo
grito quando me dá vontade
Aqui o som não tem volume
e todos sentem seu vibrar
o pranto nunca é contido
o riso desagua em rios
gargalho lágrimas em harmonia
Viajo, sobrevoando os mortais
já não sou de carne
em meu culto
sou divindade
Recito versos sem som

e há mãos estendidas
catando minhas energias
como quando corríamos
atrás de vaga-lumes ao crepúsculo
Vivo amores, caso, descaso,
enamoro de outros e de mim
já tive filhos e netos
vivi séculos
lembro de dimensões
que já estive e as que ainda
comprarei passagem
Encontrei Deus esses dias
ele sorriu pra mim
e disse que meu cabelo estava bonito
se despediu dizendo
"a gente se vê... Se olhe mais no espelho!"
Acordei!
De dentro pra fora
sou o viajante
de fora pra dentro
passageiro.

*****

ALGUÉM TE VÊ COMO MULHER
Cristina Ferreira

Ó mulher! Como farsas sua dor!
Turbulento é seu mundo adentro
 Por fora só lindos jardins de flor
 Nos lábios teu sorriso é um espectro

Nas calçadas do quarto fremente mendigas
 Um membro quente que te dê desejos
Que te ame com amor como nas noites antigas
 E com ternura te adorne de carícias e beijos

De rastos rastejas e imploras que te entre
 Que pela última vez mate sua fogosidade
 O fogo cresce uns centímetros abaixo do ventre
 Em troca recebes desprezo e insensibilidade.

Quem te tem, não te sabe ter, beber ou comer
Deixa-te com fome de formas a humilhar-te
Enquanto houver comida haverá quem comer
Ó mulher! Tão linda que és, quem irá negar-te?

Um dia um amor qualquer flagrou-te na rua
 Ouviu teu desabafo e decidiu te compreender
 Com suas palavras despiu sua alma e deixou-a nua
O que aconteceu depois disso ninguém precisa saber

O estranho te deu o amor que teu amor te negou
 Nunca te deixou implorar, pois seu amor te pertencia
Jurou pelos deuses te amar como mais ninguém te amou
 E disse que um homem de verdade é o que você merecia

Agora vives dividida. De um lado o amor do outro a traição
Chorando dizes: Não importa o quanto eu esteja dividida
E nem importa a opinião social sobre a minha traição
A viver esta paixão proibida hoje mesmo estou decidida

Como quem vive num lar feliz esta traição tu nunca quis
Mas a muito cansaste de existir para quem se recusa a te ver
Sabes que a sociedade repudia, mas antes disso tu queres ser feliz.
Por isso te entregaste todinha ao primeiro que te viu como mulher

*****

A CARTA
Cristina Ferreira

Confesso ser um erro autêntico ter te conhecido
Depois daquele beijo eu já deveria ter partido
Mas a rubra paixão caminhou forte em sua direção
Dos teus carinhos me fez refém com tamanha morbidez
A escuridão nutriu um cósmico segredo de embriaguez
Fez nascer nos dedos, o amor e acendeu o fogo da paixão

Simbiose de dois corpos despidos tacteiam aquele quarto
Espelho, retrato. Ouve-se o nosso fremir no guarda-fato
Baloiçando num ir e vir, as cortinas fingiam não nos ver
Quatro paredes. Lá estava eu a sois com minha nudez
Simultâneas indagações do tipo: Como me irias ter
frSeria bom, seria a primeira ou esta seria a última vez?

Longe das túnicas és um egípcio com um deus pequeno
Quando embravecido atormentaste todo o meu inferno
No amarelecimento dos meus papiros fizeste história
Com sua Intrepidez faraónica mostraste-me seu poder
No clímax abcidei e de olhos fechados contemplei sua glória
Sublimada, em êxtase perdi a noção de ganhar ou perder.

Hoje compreendo melhor, como os tempos são rotatórios
E como os juramentos dos amores eternos são ilusórios
Numa única noite foste capaz de me amar duas décadas
Senti-me incólume, Despida daquela mulher quotidiana
Por um efémero instante fui o símbolo das mulheres amadas
Em dia de plenilúnio senti o prazer da natureza humana.

Como quem a pele arranca amarguradamente preciso esquecer
Não nutrir-te mais em mim lentamente fazer-te em mim morrer
Como quem a si próprio se diz não, sepulto hoje a nossa paixão
Nosso amor jogar nos desertos do esquecimento. Comida de besta
E não chore se eu não suportar sua ausência e morrer de solidão
Quando terminares rasgue a carta porque terminou nossa fest

Ele nunca me disse te amo
Edgar Ginga Sombra

Cada dia vivo uma curiosidade dele
> Sempre me tem de um jeito diferente
> A noite bate a porta e voamos no ritmo dela
> E voltamos às madrugadas
> E nas despedidas, ele não diz: te amo...
>
> Ele é gentil, simpático e atencioso
> Sabe seleccionar minhas cores
> E trepar minhas paredes...
> Consegue quase mudar o meu mundo
> Mas ele não o completa dizendo: te amo...
>
> É cavalheiro, especial e perfumado
> Sabe ler em mim quando lhe necessito
> E não me deixa piscar em outras direcções
> Seria perfeito para o meu mundo
> Se tivesse me dito:
> te amo...
>
> Será que ele conhece o sentido da minha vida?
> Porque beija meus pés todo amanhecer
> Frases bonitas sabe desenhar para a sua garota
> Me faz bonita ou caminhando sobre as nuvens
> Mas nunca compôs para mim a frase:
> te amo...
>
> Ele já me presenteou estrelas e céus
> Manda-me bilhetes de ouro
> Palavras sem tumultos
> No dicionário cuidado ele vive
> Só não sei se tem a palavra te amo
> Pois, nunca me disse:
> te amo

> Tento derramar rios de lágrimas
> Obrigá-lo a dizer que me ama
> Ou mesmo a acabar com tudo
> Mas receio sempre estragar a festa
> E ver o seu lado leão
> E mesmo por pena, ele não diz:
> te amo...
>
> Já me deu até metade de si
> Tudo com ele é como se fosse um sonho meu
> Como se tivesse nas mãos as chaves da minha felicidade
> Só que, mesmo por saudades
> Ele nunca me disse:
> te amo...

*****

Minha sedução
Edgar Ginga Sombra

> Não pergunte
> Não há tempo
> Não quero ouvir
> Os seus discursos
>
> Me devore
> No silêncio
> Mostre no teu olhar
> Todos os desejos
>
> Hoje é jogo livre
> Se é na rua ou na praia
> Não quero abrir os olhos
> Só quero contigo cavalgar
>
> Se há um erro
> Vê se desliga
> Deixa-me respirar
> O sol da tua boca
>
> Se não há razão
> Se é invasão
> Não é hora, não
> Para donas regradas
>
> Nesta voltagem alta
> Se és cadeia
> Me serre com a mais forte
> Corrente da tua paixão
>
> Os toques da minha canção
> Levantam a emoção
> E nesta parede em que te prego
> Está o calor da minha sedução

VIDA ALICIADA
Albano Epalanga

Escamotearam minha alegria
Precipitando-a no vale
da desolação
agora sou o que não sou
Falo o que não falo
e vivo nos sangrentos dias
de vento
Lamento…
eu já não sou o que sou
desde minha miudagem
já tinha perdido o norte
andava semi-nu nas ruas
de Nova-York
Clamava mendigando resto
de água e pão
invés disso ofertaram-me
por excesso a relatividade
de Newton
Entupiram os meus ouvidos
com água salgada
Mandaram-me nas estradas
de Benguela
para ser pisado por Kupapatas
Agora já não respiro por mim
Já não olho por mim
Já não parto por mim
Sou a escuridão do mar
e as enfermidades diárias
envenenados com cálice
dos deuses
que me tornam sucursal
e cheio de remendo no cabelo
ainda assim assalariam-me água

no estado gasoso?
Não sabia eu a diferença
entre dormir de pé e comer
numa velocidade de 100 km/h.

*****

ABISMO PROFUNDO
Albano Epalanga

Sinto minha alma
caindo num abismo profundo
no fundo onde não há mundo
no sonho onde só há escuro
cavei o meu buraco
vivi os anos dos meus dias
e me esqueci daquela poesia
poesia que me salvaria
Volte poesia, gritava eu
a poesia respondeu: "jamais voltarei"
então clamei ao Poeta
leva-me nas tuas veredas
nas astúcias do teu infinito
cobri-me com a tua toalha azeda
deleita-me nos teus labirintos
Os teus labirintos
Há há há malditos, esquisitos, feitos…
Aparecidos com peixe frito
Ó morte, tú chegas e não me avisas
Acorrentas minha alma sem que eu ouça?
Tiras-me os desejos sem que eu perceba?
Hó hó hó minha nossa!
De onde vem a tua força?
Os deuses da terra te temem
Os escravos e patrões gemem
E sentem gemidos Dolores
Quando passas próximo de suas casas
Leva-me contigo
Para bem longe dos amigos
Longe das tristezas
Longe das riquezas
Longe das pobrezas…
Ó venha minha noiva

Venha ó esposa minha
Já preparei a aliança
Já comprei a nossa casa
Venha por favor, não demores
A nossa casa é bonita
Lá viveremos eternamente
Eu e tú, tú e eu
Hó hó mori meu.

*****

MEU BARCO DE PAPEL
Evaristo Fernando

Um dia sonhei com um barco
Um barco de papel somente meu
Onde rasgasse oceanos em retalhos
Quem sabe ainda dividisse o mundo
Simplesmente com o vaivém dos remos;

Em minhas súbitas epifanias
De mentalidade infante
Vagava em nenhures mares
Remava milhas e milhas
De asfaltos em sonhos
De partida sem regresso;

Quando os olhos provaram
Da maturidade do corpo,
Meus dedos da mocidade
Traçaram com delicadeza
Cada ripa que continha o sonho;

Assim nascera meu barco
De papel entre soluços
E amarulentos suores,
Tal suor que levou-o em viagem
De volta ao passado onde
Brotou tal sonho de ter:

Um barco de papel somente meu.

*****

METAMORFOSE XENÓFOBA!
Evaristo Fernando

Renasce-me a vida,
D'uma vida mal vivida
E ardida ao pó da pólvora
Em verdade já mais tida
Independência já mais valida
Portadores de alcunhas postiças;

A quem pertence a terra onde nasci?
E a vida minha que tanto presei,
Quem intitular-se-á dono de mim?

Renasci do cinzeiro fugaz do chicote
Açoitado no delírio negreiro da tua fatuidade
Minh' alma atiçava ânimos nas mazelas do corpo
À calcanhares e unhas, esculpi a independência
E a liberdade no vácuo da minha ciência mandinga;

E agora?
Para onde vai a quietude das armas?
E as almas que se perdem junto as balas?
A quem pertence a paz das falas da outrora?
E irracionalidade belicosa da juventude,
A quem vamos atribuir a carapuça?

Renasce-me a vida
Transparecendo em meus males
Materializei-me em cinzeiros do açoite
Onde meu eu atiçava nas cercanias da tua fatuidade
Ânimos, abeberando-me da minha ciência mandinga.

NEGRA
Fabious Benfiquista

Por tua culpa, negra
Hoje vivo sem nenhuma regra

Tu me fazes o que não esperava
A minha mãe tentava
Meu amigo julgava
Meu pai condenava

Fazes o cego ver
O surdo ouvir
O mudo falar
O perplexo dançar

Por tua culpa, negra
Hoje sou mais eu

Posso arder chamas no gelo
Levo frio ao forno
Alegria ao cemitério
E frieza ao inferno

Por tua culpa, negra
Sou mais feliz
Felicidade que me alegra
Do tamanho do meu nariz

Tudo isso…
Por tua culpa, negra!

*****

ANGOLA
Fabious Benfiquista

És tu a minha esposa
O amor dos meus amores
Mais linda que uma rosa
Também rica em sabores e dissabores

Eu sou Angola
Onde sou rico com tanta pobreza.
Tu, Angola, fizeste-me gabarola
Para uma falsa proeza

Tu és Angola
Em ti encontro a minha alegria
Mas, carambolas!
O que por ti não faria?

Nós somos Angola
Onde somos ricos mesmo sem ser
Na inocência do sorriso de um pobre ser
Com esperança na arte do bem viver

*****

SERIA BOM
Fabious Benfiquista

Seria bom que fosse bom
Ouvir aquela música sem som
Mesmo em outro tom
Cantar mesmo sem ter dom

Seria bom se eu soubesse
Que só amaria quem tivesse...
Amor de quem mais quisesse
Ser amado e sem stress

Seria bom caminhar no alto
Nesta terra de planalto
Com aquela mulher de salto alto

Seria bom se as crianças soubessem
Que o futuro não existe
E que por mais que a lua e as estrelas desaparecessem
Apenas o presente persiste

Seria bom que não fosse fatal
Que hoje fosse natal
Que o homem não fosse mortal
Que eu fosse chamado o tal.

*****

Maus trilhos de África
Guilson Silvano Saxingo

Quando voltares à terra
Ó Rei das ideias!
Bani toda a guerra
      Que hoje é o nosso carrasco
Prostituíram a fraternidade
A solidariedade foi despida
Quebraram a honestidade
E a verdade ao abismo foi lançada

Por influência dos forasteiros
Silenciaram as vozes da discordância
E, de provação, em provação
A opulência tomou conta de muitos
Só ouvem a voz da ganância

Salvemos de toda a demência
Os países que nos conflitos jazem
Enquanto eles se cobrem de mantos estrelados
Nós continuamos a trajar-nos de mwlamba

Enquanto eles vão nascendo em berços de ouros
Nós nascemos em palhotas
E as nossas criancinhas
Sem um teto, nem terraço, só em tocas…

*****

Basta a guerra
Avante a PAZ

Nesta África tão sofrida
Minh'alma tão dolorida
Augura um voto final
Para todos, todos nós
Uma mesa de cristal!

*****

Cidade diamante
Guilson Silvano Saxingo

Terra terna matreira
No chilrear dos pássaros
Que entoam hinos em coro sem freio
No manso avesso confesso

Atento aos encantos do teu andar senhoril
Que anuncia a esp´rança
Na ânsia
Do crescimento a porvir
Com verdadeira bonança
Sem mácula a banir

Oh Saurimo!
Cidade diamante
Radiante
Com o gingar cintilante

Te encontro nas quedas do Chihumbwe
Te reencontro na Mwana Pwo sem pejo
Te vejo de Alentejo
Te revejo em Catoca

Terra da cianda e mapopo
Terra da mukanda e matamba
Terra da felicidade…

*****

Minutos Recordes
Ismael Ambrósio Dias Farinha

Segundos, minutes, é o tactear do meu relógio no tic tac da hora certa em alerta,
O tempo passa, avança me cansa e me abraça.
Não danço salsa nem tango muito menos kuduro, para desanuviar reflicto no conflito aflito.
Os contractados estão no up and down para que equilibrem a balança dos minutos recordes.
Assim é a vida incrível, o invisível aprecia os cambalachos dos humanos na terra cheia de guerra.
Haja calma e paciência para sanarmos os nossos problemas que nos afligem no dia-a dia nestes minutos records

*****

A morte
Ismael Ambrósio Dias Farinha

A morte é um corte impecável não agradável, momentos bilingues inéditos, e os anjos cumprem com os seus trabalhos questionando a nossa vivencia, e o tumulto é tanto que cria espanto.
A morte não tem volta, ninguém deseja morrer porque somos pecadores, nossos legados falaram por nós, feitos e defeitos palpitando o aroma do mundo do além.
E o Altissimo lembra nós "o mundo é passageiro e todas coisas existentes nele"
Ai de nós que se nos deixarmos enganar com as futilidades penosas.
A morte não tem volta.

*****

A carta das lagrimas
Joel Fernandes

Um rosto cheio de lagrimas
Lagrimas de uma criança
Lagrimas de um povo
Lagrimas de sofrimento
Lagrimas de dor
Lagrimas Cai no ocidente
Lagrimas comove o mundo
Da primavera árabe
Levou-me pensar
Levou-me escrever
Levou-me a chorar, porque lá
Levou -me bater as portas lá
Com a carta das lagrimas
Com o propósito da vida.

*****

Amar é loucura.
Lorna Zita

Tu és a minha maior loucura
É assim que eu me sinto quando te vejo
Sem o teu amor, eu não tenho mais cura
Tu és tudo o que estava a procura
Nessa vida tão triste encontrei-te toda pura
Do amor mais faminto tu és o meu desejo.

Do meu rosto sombreado de lágrimas e amor
Dos dias que fico feito criança sorridente
Nos teus lábios eu ganhei luz e calor
Pois, descobri que o teu amor me tornou dependente.

Tu és o meu maior vício.
Do qual não tenho a cura
Se houver fim irei até ao inicio
Se precisar de mim eu estarei a tua altura.

Eu vejo no teu olhar sem querer me apaixonar por nada
Mas, com a minha teimosia acabo apaixonada
Com o meu robusto medo de que serei abandonada
Mas quem foram os que inventaram o nada?
Se nada nessa vida faz sentindo sem asnada
Só depois de perder é que pensamos e valorizamos o passado.

*****

A prostituta.
Lorna Telma Zita

Eu sou a prostituta
Aquela que não tem valor
Aquelas que todas mulheres têm pavor
A destruidora de lares
A que é vista com maus olhares.

Sou eu sim, a dita, a falada
A que vende o corpo para sobreviver.
Sou mãe, sou filha
Mas deixo o meu lado sentimental
Fazer o que? se o meu lado profissional é que me sustenta.

É por ganância sim, pobreza.
É pelo meu futuro que faço isso.
Mas que futuro?
Cá nas ruas não há futuro.

Apenas dinheiro, sexo sem amor
Mulher de todos os homens,
Que usam, pagam e vão embora
Essa é a vida tão sofrida a que escolhi.

Mas se largo essa vida viverei de que?
Cá nas ruas iluminadas ganho a vida
Ganho desprezo cada vez mais, sou mulher.
Que não se da o respeito.
É difícil me entenderem que meu trabalho
É como um outro qualquer
Não quero que tenham pena de mim
Mas que me respeitem.
Que não seja apontada o dedo.
Nas ruas onde nasci
Nas ruas onde cresci
Peço respeito é o que mais desejo.

Porque querem que eu me cale?
Lorna Telma Zita

Se liberdade não oprime
Se liberdade é cantar, por vezes gritar sem medo
Se liberdade é pensar, falar o que eu sinto sem que seja nenhum crime
Mas cá no meu país, sempre soube que a verdade tem sabor azedo.

Oh liberdade, onde é que te escondes
Uivo feito um lobo enfurecido, mas não me respondes
As vezes tento falar, mas alguns fingem que não me entendem
E a pouca liberdade que me resta prendem.

Vivo na escravidão do silencio
Onde a vida tem seu preço
E me calo porque sei que a justiça cá, não tem nenhum apreço.

Porque querem que eu me cale?
Querem que eu continue sendo esse escravo do silencio?
Não! Não posso mais
Quero liberta-me.

Quero expressar-me sem medo
Onde ninguém possa me apontar o dedo
Conquistar, viver sem segredo.

*****

POEMA I
Magno Domingos

Não vão perceber a tua dor
Ninguém vai compreender as tuas lágrimas
Nem a tua fome será sentida por outras barrigas.
O teu cambalear, ainda será motivo para risadas
O cair das tuas calças, quando a tua cintura já não suportar cinto algum, aproveitarão para dizer "está bêbado de novo".
O teu falar asilabado, será visto com humor, "ele gosta de fazer rir", dirão.
Quando gritares "socorro" entenderão como se estivesses a contar outra história lá dos tempos do mato. "Ele é assim mesmo", dirão.
Mas quando tombares encontrarão culpas em ti. Não haverá outro culpado do teu tombo.
Porquê que ele não pediu uma bengala? Não sou "aleijado" mas até tenho duas em casa.
Porquê que ele não segurou aquela parede? Estava proxima.
Porquê que ele não descansou naquela sombra? Era mesmo ja aí.
Ele não me chamou, não me chamou porquê? Eu viria socorrer, sempre vim.
Sentirão raiva. Mas tanta raiva de ti, por não terem percebido que ja não aguentavas mais, que a sirga ficou pesada e que estavas a ruir.
Sentirão raiva. Mas tanta raiva de ti, por não terem compreendido a linguagem do teu bocejar.
E serás o culpado do teu ruir
Culpado dos teus esforços, culpado das tuas lutas.
Como prémio, por tudo o que significaste
Reunirão condições
E por fim comprarão a melhor das urnas
As mais belas tulipas enfeitarão a tua morte
Farão o melhor e mais sentido funeral,
Desejarão que a tua alma, finalmente
Descanse em paz.

*****

POEMA II
Magno Domingos

NA madrugada veio a saudade
Perdi o controlo a procura de novidades
Sem dar conta liguei para ti
Sei lá, me perdi
Não, não liguei
Agudizei.
Coisas que o coração não controla
Vim com um truque que tirei da cartola.
Falei atoa
É que na minha mente a tua voz ecoa.
E recordo sempre da lagoa
Aquela aventura
Nós, ninguém segura
... Que loucura!
Mas desculpa
Juro, não se preocupa
Vou saber me controlar agora.
É que desde que foste não sou o mesmo
Até me atirei no misticismo
Pode parecer ilusionismo
Ou ateísmo.
Mas nisso do amorismo
Quem não se ocupa vai no alcoolismo.
E você ía querer me ver bebado?
Terias dito que fiquei juado
Que estou perturbado
Ou que ando magoado.
Epa, é saudade
Que trás ansiedade
Mas não é maldade.
Agora vou evitar a madrugada
Quando a mente estiver ocupada
Para não cometer mais borrada.
Desculpa.

POEMA III
Magno Domingos

Nasci no tempo em que o poder era popular,
Em que tudo era pelo povo
Em que sem providência cautelar
Se queria formar um homem novo
Nasci meses antes de Maio
No fervor que fez de Nito lacaio
Quando a nação em triste desmaio
Obedeceu ao médico garraio
Com o tempo a aura de um Santo
Levou-nos além do esperanto
E em línguas falamos o pranto
Que agora tornou-se o conquanto
O partido era único
Pensamento era afásico
Sofrimento era utópico
E o sonho perestróikico
De repente caiu o muro
Nós que ja estávamos no escuro
Rápido esquecemos o agouro
E a vida tornou-se um apuro
Partimos atrás do Jaguar
Queríamos nossos males atenuar
A terra apaziguar
E tudo novo conceituar
Nasci no tempo em que o poder era popular,
Em que tudo era pelo povo
Em que sem providência cautelar
Se queria formar um homem novo
Recordam o Santo que tinha aura?
Agora nos faz que nem escrava Isaura
Afinal o mal não era o Jaguar
Era o Santo que queria em nossas mentes madrugar
O solo saqueia saqueia

Dinheiro branqueia branqueia
A vida bloqueia bloqueia
Nos jovens batéia batéia
Frustrado prendeu quinze partes de min
Reuniu mais abutres ao festim
E em coro acusaram-me assim:
Tentativa de promoção
De ações que levariam a uma insurreição
Ou de uma situação
Em que ordem e a tranquilidade publicas seriam seriamente
afectadas, nesta Nação
Nasci no tempo em que o poder era popular

*****

Criatividade
Marcelo Bernardo Maluarte Pedro

Esventrando o sentido das palavras
Perfurando as minas rochosas do carácter
Apercebo-me do reluzir da luz escura
Da permanente intermitência dos sentidos
Da penetrante ingerência dos pensamentos
Na mais fugaz das questões humanas
A inspiração…

*****

Erógeno
Marcelo Bernardo Maluarte Pedro

Perduro em ânsia erótica
De sentidos excitados
Preciso de um bordel inteiro de pensamentos
Preciso a qualquer custo, aliviar minha tesão criativa
Ejacular violentamente poesia volumosa
Para já atrofiado, acomodar os nervos na abstracção
Contemplar a cópula na recordação!

*****

Televivência
Marcelo Bernardo Maluarte Pedro

Orbitávamos imunes aos crimes
Imunes ao vicio
Ao trabalho
Habitávamos imunes ao espaço
Imunes a vizinhança
Ao contacto
Habilitávamo-nos a inércia
A corrupção
A inaptidão
Fechávamo-nos num mundo inelástico
Mundo inflexível
Televisionávamo-nos nos outros
Electroconectados
Televiviamos

*****

DESAFOGA-TE
Márcia Rosel Chambule

Desafoga-te das lágrimas que ironicamente estupram-te os sorrisos,
Da ira que encharca-te o coração de sentimentos maléficos
Desafoga-te das dolências e consternações que sem escrúpulo intoxicam-te a alma,
Dos fantasmas que rudemente fuzilam-te esperanças
Chore!
Sorria!
Chore de alegria e Sorria dos problemas
Deixa-te embrulhar pelo som do vento e dance sobre as ondas do mar
Embriaga-te na inlúcida lucidez da vida
Namore um copo de whisky, de cerveja, de vinho e entrega-te aos amenos prazeres da vida
Faça sexo suavemente com a vida e dê a ela múltiplos orgasmos
Ame
Abrace
Beije
Ame intensamente, sem porções
Abrace como se o fossem mutilar os braços
Beije com verdade e serenidade
Não deixe que o medo de viver
Tire-te a vontade de viver.

*****

REVOLTA
Márcia Rosel Chambule

As vezes
Amassada pela insatisfação da dúvida, indago-me:
Mas afinal,qual é a coerência da nossa existência?
Por quê vivemos
Se somos avassalados, açoitados e adulterados pela dor!
Se somos corroídos, supliciados e monarquiados pela fúria e pelo rancor!
Que inferno pode ser mais horripilante que este,
Que incedia-nos ainda vivos
Sem rastos de cinzas!
Se partilhamos do mesmo sol
Por quê fulgura-se ele mais para uns e menos para outros!
Se perduramos debaixo do mesmo céu
Por quê para alguns é arco-irisado e para outros amargamente ofuscante!
Tantos são os inocentes embriagados pelo vinho da culpa
Enquanto os culpados vão afogando-se no mar da inocência.
Não será a morte
O nosso palácio de paz
O refúgio para as nossas agonias e dolências!
Não será a tão idolatrada vida
Nossa madrasta
E a tão temida morte
Nossa mãe!

*****

ENTUSIASMO
Márcia Rosel Chambule

E qual é que seria a lógica da vida
Se não iventassémos o que gostamos,
O que sacia a insaciável fome da alma.
O que banha de heterogênios prazeres a frigidez cálida do coração!
E de quê anuiria-nos a viver
Se não rebelassémos contra o que em coisa nenhuma nos acresce
E em tudo nos decresce
É primordial divorciar-se do medo
Viver sem metanoia
Deixar-se balear de virgens armas,
Para que não se divise a vida como um fardo
É primordial indenizar aos desejos da alma
Para que em nossas faces maculadas de angústia jorrem gracejos de ternura,
Para que em nossas mentes não se tricotem filosofias banhadas de letargias e auto-aniquilamentos.
É primordial desvendar receitas de mandiga para sorrir,
Sorrir sempre
Até que a alma tenha uma parada cardíaca de euforia.
De minguadas minhocas humanas,o mundo já se embriagou!

*****

SEI QUE TE ESCONDES POR AÍ
Mohamed "Mociano dos Santos" Canhanga

Na cidade, no jardim
Na floresta, no capim
Na fragrância da jasmim
Aparece
Por mim

Sei que te escondes nalgum lugar
No rio, no mar
Na chuva, no ar
Num simples gotejar
Não tarda
Vou te encontrar

Sei que te escondes por aí
No tempo, no espaço
Num espaço de tempo
No calor, no abraço
De cada momento

Sei que te escondes nalgum lugar
Nas videiras, no vinho
Na árvore, no ninho
Deserto, caminho
No sol, sozinho

Sei que te escondes nalgum lugar
No céu, no paraíso
Ainda lembro
Teu sorriso, preciso
Saudades...

*****

ESCRITOS LIBERTÁRIOS
Mohamed "Mociano dos Santos" Canhanga

Deixem passar
Apenas numa folha
Os escritos da liberdade
Será que dissolvem a autoridade?

Deixai-os publicar
Apenas escritos da liberdade

Para um povo que se oprime
É a boca da caneta
Contra a boca dum regime

Folha branca
Mente escrita
Nunca é crime
Apenas escritos de liberdade

Também vós tendes escrito:
 "É a boca dum regime
Contra a boca da caneta"

E na mesma folha branca
 A mente desperta!
 Mostrar mensagem original

Contigo acordo
Bem perto da alvorada
Estás sempre acordada
Nas minhas noites de insónias
Passámos o dia
 Vamos além do crepúsculo
Atravessámos barreiras, atravessámos pontes
Bela, de aparência desnuda
És contemporânea exibindo curvas
Contigo renasço
Contigo morro
A ti devo fidelidade
Minha futura esposa

*****

QUINTA_FEIRA
Mohamed "Mociano dos Santos" Canhanga

Chegaste
E contigo chega ela
É sob o teu enredo
Que finalmente posso vê-la
Não se acabe logo
Preciso sentir-la
E com meus próprios dedos
Hei-de toca-la

Chegaste quinta
E com a tua chegada
Hei-de beija-la
Abrirei meu coração
Para que a possa amar
Para que não a largue,
Farei laços e nós

Chegaste
Mas no rosto veio a timidez
Teus olhos rasgados descrevem a fluidez
Do olhar mais belo que já enxerguei

Chegaste, quinta-feira
Sim
Chegaste
Mas nunca bastou o tempo de sentir teu cheiro
Por isso, aguardo
A tempo inteiro

Bem, antes de partires,
Já ficam as saudades!
*****

Se eu parar pra pensar
Ngonga Salvador Luciano

Se eu parar pra pensar
De certeza que de ti vou-me lembrar
Se vieres em meu pensamento
De certeza que lembrarei de um lindo momento

Aí começarei a sorrir
Porque sonharei com você mesmo sem dormir
Pois nossas lembranças serão apenas lembranças divertidas
Gravadas em meu coração e jamais serão esquecidas

Se eu parar pra pensar
De certeza que meus olhos vão lagrimar
Se tiver triste o pensamento vai-me animar
Pois só você me enche de alegria ao ponto de me fazer chorar

Então vou querer começar tudo de novo
Te encontrar e viver novas aventuras
Te abraçar e permanecer ao teu lado sem que haja algum estorvo
E deliciar da tua companhia como se desfruta doçuras

Por isso sempre paro para pensar
Para pensar em ti
Porque eu te amo e você me faz bem
E os laços que nos unem vão muito além
Além de superficialidades
Além da falsidade
Aquilo que nos une é a mais pura irmandade!

*****

O MUNDO
Obedes Lobadias

O mundo, hoje,
parece mais
um frigorífico
de esfriar
corpos,

e não mais
aquela velha
lareira
de esquentar
 almas.

(Se é que fora um dia)

Já não mais é
um coração
onde vivem
e crescem
os amores.

*****

FOLHA-DOS-VENTOS
Obedes Lobadias

Uma vez
A folha
tão seca de solidão
apaixonou-se pelo vento
e abandonou o seu ramo
e foi deixando de ser folha
em cada pedaço do tempo.
pois o vento só é fiel aos pássaros.
E é tão errante, que deixou a folha namorando o chão
Beijando as pedras e roçando o tempo.

E o chão (foi) desfolhando-a
dos poucos aos nadas
até folha, não mais ser
 - E o ramo,
nunca mais
foi buscar
a sua folha?
Não! Ele ficou receoso.
Com medo de que na sua saída
um rebento, urgisse em seu lugar
e perdesse logo
o aposento.

*****

ININTELIGÍVEL
Obedes Lobadias

ininteligível
é como nos dá medo a morte.

Se é viver
que nos oferece os maiores perigos.

*****

Um ocidente em mim.
Orlando Joaquim Ussaque

Apartai-se das balas
Embriagai sua alma
De santidade que não prolífera
Na metrópole dessa avenida.

Embrulhai de medo
Sua coragem de fracassar,
O tamanho da batalha
É surreal ao medo...
Anónimo a coragem.

Nesta guerrilha utópica
De nada vencer
Sobressai-se
O promotor...

E a escravidão legitima
Esta ausência presente
Em cada alma negra
Multi-facetada ao ocidente
Das bélicas inovações.

Ohh minha mãe...
Diz aos seus filhos:
O sangue negro é inviolável
Mesmo nesta descoberta
De partir
E não voltar a ti.

*****

Resolução
Orlando Joaquim Ussaque

Se ninguém sustentar essa fúria
Então há fome.
Se há fome, não há batalha,
Conflito muito menos multi-opiniões,
Não há nada.
Se não há nada, há paz.

*****

Paisagem
Rosa Ribeiro

Um lugar, uma miragem…,
Uma paisagem
Perdida no tempo,
Com o vento
Ou sem tempo,
O teu pensamento
Torna-se talento
Dos teus sentimentos.
Sentimentos que passam
E ficam sem cessar,
Que esmorecem no tempo
De quem os procura,
Na esperança de um dia
Os poder encontrar.
Perdidos e vazios
No fundo do mar,
Guardam em silêncio
O encanto do teu olhar.
Que brilha no tempo
Sem apagar,
Memórias e Historias
De encantar,
Que embalam
Nas ondas do mar,
Perdidas e achadas
Com o vento,
Reclamadas no tempo
Para acalmar,
Um momento
De afectos,
Sem magoar
O tempo e o momento
De quem os guardou…!

FAIXA DE GAJA
Soberano Canhanga

Entre montanhas e a praia
Apenas savana e secura
Um túnel já sem distância
Ajuda quem por lá relaxa
Mais abaixo, a terra da promessa
Onde morre quem paus arremessa
Na vasta savana de relva escassa
Um bebedouro sedes aguça
Faixa da gaja
Entre montes gémeos e terra prometida
Caminho abaixo, a cova do umbigo
É entre saia e blusa!

*****

CONTE(...)SÃO
Soberano Canhanga

Já fui locutor p'ra tua sede de notícias
Em tuas horas cultas fui poeta
Recitei Êça,
Camões e Vigário
Já fiz teatro,
Sátira e Comédia
Até colo emprestei
P'ra lágrimas que não provoquei
Chuva e frio enfrentei
P'ra te ver sorrir
P'ra saciar tuas fomes até exílio tentei
De repente,
Olho atento p'ro espelho,
Do cárcere me liberto
Reencontro-me e grito:
- Jamais!
Chega de patetices
Animador de tuas noites
Não sou mais!

*****

Nós...
Sónia Sousa Robalo

Eu... Quando sou amplitude, sou a flor que desabrocha, calor que queima, o fogo da paixão. Quando sou a verdade, sou a parte que cabe, a pureza que invade, a fuga da ansiedade. Quando sou coragem, sou a sombra da tarde, a verdadeira liberdade, a força que arde. Quando sou amor, sou a doçura inquietante, da verdade possante, o ser vibrante.
Tu... Quando és amplitude, és a ternura indefinida, a explicação consentida, um sabor a luar na minha vida. Quando és a verdade, és a ternura concreta, da realidade certa, do silencio gritante. Quando és coragem, és o tsunami que varre, furacão valente, força envolvente. Quando és amor, és a melodia Angelical, o aconchego letal, uma verdade incondicional.
Nós... Quando somos amplitude, somos uma multidão, juntos na oração, presentes na solidão. Quando somos verdade, somos sentido coerente, de atitudes incandescentes, do certo e não do ligeiramente. Quando somos coragem, somos heróis de verdade, com força na saudade, impossível de travar na verdade. Quando somos amor, somos uma espécie de céu, estrelas ao léu... Verdades de mim, certezas de ti... Luz da noite, escuridão do dia... Somos a coerente incoerência da nossa verdade, onde mais ninguém cabe... Somos a vontade, a garra e a saudade... Somos o que é puro, forte e inseparável... Dois corações ligados, duas Almas numa, duas pessoas apaixonadas!!

*****

RETRATO IMORTAL
Tony Kunsevi

Pautei no meu coração
A alma nobre do seu amor de pai
Ultrapassei dificuldades
Lamentando os lamentos
Obstinados nos mais obscuros momentos

Kuduro das espectativas marcou
Ultimo momento da nossa vivência
Nasceu entre mim e a vida... o desespero
Sempre vagando no alheio com
Esperança tatuada de dor
Vida pintada no escalonar da alma malfada
Íntimo é o som que penetra os meus ouvidos.

*****

ARTISTA
Tony Kunsevi

Nascem talentos
No firmamento das artes
Para registarmos momentos
Com letras
Imagens
Sons
Movimentos.

Artista cria mundos
De seres irreais
Realizados num panorama místico
Onde se concretizam sonhos
Dançantes nas emoções
Impressões
Sensações.

O artista
erguer –se
bem alto das colinas do universo
E brilhar entre as estrelas

*****

PORÇÃO MÁGICA DA VIDA
Tony Kunsevi

Mulher assemelhas –te
Com a frisa fria
Que embala o amanhecer
Inocente dos Olimpo

Onde os deus
Cansados com a imortalidade
Buscam –te nos orvalhos
Grudados na orla das folhas
Caídas no leito
que a musa descansa

És o despertador
que desperta os sentimentos
ao longos das noites caladas por tormentos

Ardonas vidas
Com cintilantes sorrisos
No declive das palavras tidas
Como provérbios

És a porção mágica
Existente entre as nuvens
Que cobrem os seios
Da palavra mátria

És a actriz
E a sua ventre a matriz

*****

Meu Pai, Meu País
Victor de Viriato

- Oh meu pai tenho medo!
- Luta meu filho, luta...

Aprendi o valor da CORAGEM,
Mas meu país a roubou.
Deixou meu corpo a tremer
Sem saber o que fazer.
Medo entrou no meu ser
De forma a comer
O pouco que restou.
E aqui estou com a coragem entre as pernas.

- Oh meu pai tenho medo!
- Luta meu filho, luta...

HONESTIDADE não tem preço,
Mas meu país a comprou.
Deixou meu coração na rua
Sem conhecer a cura.
Fome chorou na minha mente
De olho para beber
O pouco que restou.
E aqui estou com a honestidade no bolso.

- Oh meu pai tenho medo!
- Luta meu filho, luta...

Saber AMAR o meu,
Mas meu país a esqueceu.
Deixou meu sono as escuras
Sem sonho de ajuda.
Sede cantou na minha alma

De boca aberta a pensar
O pouco que restou.
e aqui estou com o amor por um fio.

- Oh meu pai tenho medo!
- Luta, Luta meu filho, que nem daqui a 50 os meus netos têm vinho.

*****

Foi ontem, que teu olhar deixou de lutar.
Victor de Viriato

Foi a noite…
Lágrimas percorreram o caminho do rosto
Em forma de gotas, que lentamente caíram.
Molhaste e provocaste um dilúvio de dor.
Mostraste que ainda existe esperança
Mas teu olhar molhado deixou de lutar.
Nasceste com uma missão de união
Num lar, que o destino queria acabar.
Tarefa difícil foste capaz de aceitar.
Escolheste Novembro para começar a lutar.
Tempo de chuva, para abençoar a tristeza do conto.
Fizeste com classe, para que a linha não rebentasse.
Ensinaste a valorizar a defesa, em nome do amor.
No momento certo a mais bela mudou o destino do lar.
Solitária de nome, com o destino bem riscado
Deste o brilho bondoso, com o olhar da íris.
Chamaste os anjos, com o poder da salvação.
Três batalharam, numa luta de valorização.
Mas só a natureza olhou sem vendar a visão.
A cor se foi transparente inundar a solidão.
Olhaste para o anjo, que ensinou a voar.
Perdeu as asas, porque andaste sozinha.
Assim foi a noite…
Aqueles por quem lutaste, aprenderam a ver
Mas não aprenderam a lutar, pelo que importa
Porque perder é a melhor solução
Por isso que ontem teu olhar deixou de lutar.

*****

Tenho a pátria rasgada no peito
Victor de Viriato

Milhares tombados pela pátria
Lutaram de coração e mãos vazias
De palavras duras a boca enchia
A espera de lúcidas carícias
Mas inferno entornou sua raiva
Nos poucos que lhe puseram a prova.

Quem da raiva dorme dela morre
Porque o tempo é relógio maldito
Bandido da fala agora corre
Veneno no sangue já era dito
Mas morte de líder fica poema
Na esperança sagrada o ama.

Escolhido do poema mais novo
Numa visão duradoura de paz
Futuro arquitecto o nativo
No encanto de um bom capataz
Mas nomeado com tempo finito
Na morte a esperança o aceito.

Setenta e quatro dias depois nasci
Nação de medo deixa aflito
Bonita terra enquanto cresci
Tenho a pátria rasgada no peito
Mas acredito na fala do tempo
Nos gritos da caneta que limpo.

*****

Renúncia
Virgílio Henrique Chilaule

Nesta terra
Que nem os céus brancos
Cabem para os santos,
Nem os santos entregarão
As suas almas aos ventos

Aos olhos teus,
Nascente de todas as correntes
E em minhas palmas
Doloridas de todas as dores
Desinteiro-lhes!

Se em poesia faz-se combate,
Em vida faz-se a arte!

*****

Sala Mana
Virgílio Henrique Chilaule

Do mesmo Jeito que me trousse ao mundo,
Eu vou-me embora
Não vejo a hora
De rasgar a tua linha alba
Com as minhas garras frias e sujas
De regresso ao ventre
Que outrora me aconchegara

É nítida e lúcida a escuridão do teu interior
Do que a lúz do dia que se Despoja
Na disputa entre o sol e a lua,
Segando os meus olhos de criança

Não importa o tamanho da minha cabeça
Nem as gorduras que fazem do meu corpo
Um porco de gente

Estou de regresso a ti,
Como quem volta às origens,
Para que sintas os meus punhos e chutos
E renoves o nosso contacto placentário
Que permite a partilha da água que bebes
E dos alimentos que comes

Assim, terás a necessidade urgente
De me nascer novamente
E ouvirás pela segunda vez
Os gritos recem chegados
Aos teus ouvidos ensurdecidos
De tanto me ouvirem chorar

Mesmo assim, vou me embora
Para que me possas nascer
Numa nova terra.

Geração alagada
Virgílio Henrique Chilaule

Pedimos boleia nessa longa travessia
Onde a nossa imagem de gente
Prende-se na miragem dos que pilotam
O barco a vela chamado Moçambique

Pedimos boleia para outra margem
Nem que para isso,
Tenhamos que pagar portagem

Estamos inundados
Pelos mares libertados
Pelos nossos próprios poros

Nossas sombras túrgidas
Desconhecem a osmose
Dos nossos corpos
Flácidos e saturados de sal

Irmãos!
Afinal de contas,
Em qual dos mandatos
Virá o barco vazio para nos buscar?

Pedimos boleia...

*****

POEMA
Daniel Da Purificação

Esta
é
a poesia que conhece i desconhece as metáforas que encontra ironias nos desencontros
é
a poesia do silêncio proíbido dos passos no caminho da fome alheia
é
a poesia de ninguém porque não se escreve e não se fala
é
a poesia que nunca carregou nem sentimentos que nunca nasceu mas só teve o nome que a puseram
é
a poesia que não tem ódio mas tem olhos a que não dói nem se sente a que sempre duvida mesmo nas suas certezas a que nada quer mas que tem desejos de si mesma e em si mesma
Esta
é
a poesia que nao teve gosto que nunca teve cor
é
a poesia que mataram quando a rasgaram e a despedaçaram os que sempre entenderam da vida do homem a mulher a natureza e seus mistérios
é
a poesia que nunca existiu e que nunca se escreveu
Esta
é
a poesia do nada estas são as palavras do vazio esta POESIA é a voz do caos esta POESIA é a indiferença ao medo esta POESIA é a olhada ao tempo que chegará...

Minhamãe Africa

Poema colaborativo: (Lorna Telma Zita, MAGNO DOMINGOS, DANIEL DA PURIFICAÇÃO and CATIA REGINA)

Lorna Telma Zita
Es tu Africa, os braços que nos aquecemquando o hemisfério nos insola,
Es tu Africa, símbolo da coragem e esperança,
Escravizadaontem e hojenãoperdeu a majestade,
Renasceste das cinzas que te jogaram,
Ressuscitaste as tuassavanas, deste luz a natureza e lutastefeitoleoa pelo que querias ser,
E envergonhasteassimaqueles que de teumdiadebocharam.
Éstu.....
MAGNO DOMINGOS
...o carreto que move
A quemteus gritos ouve
Oh África que comove
Que envolve
E devolve
Ao que comprove
E amor prove.
África o centro
Namão o ceptro
Do mundo o astro
E abriga a todos dentro...

DANIEL DA PURIFICAÇÃO
...Mamá África
Estas palavras de tod@s
São versos de poeta traduzidos nos cantares de poetisas sao o gozo
   i
o louvor parido das lágrimas esquecidas dos filhos da terra desde o ventretambémsofrido das filhas da mesmaterra
Ah Mamá África
Sótemos saudades destes tempos que ainda nao vieram
   i
que aindanãochegaramporém é assimmesmo o anacronismo das nossas vidas é assimmesmo o sentido gozoso é assimmesmo o gosto do choro deste
   i
daquela que bemsabem que de ti nasceram MAMÁ ÁFRICA...

CATIA REGINA
A terra prometida de todos os textos proféticos
Jardim do éden
Emcrença, biologia e ciência
Todos os reis e rainhasaopassar por ti lheredemreverência
Matrilinear, retomo as trilhas dos mares no ar das muitaslembrancas
Reminiscência
Do pó de suas pegadas por ondetudovai e volta
CIRCULAR
Alcanço o entoar de minha pele
de meu cerne consciência
Africanizar a
Afrodescencia
Em honra aoberço da civilização
Útero que pare geração a geraçãocontinuidade
Emnome da mãeprimeira, luto por reparação...

*****

Meu Kamba (ª) fiel Jesus
Wankanganzau Gaflas

Partiu de um lindo céu
E nos guetos de Belém nasceu
Recusado pela estalagem
Apenas o curral acolheu tão nobre criatura

Manjedoura foi o seu berço
Oh que humilde é o meu amigalhaço
No auge dos meus pecados
Por ele fomos resgatados

Inverteu a nossa miragem
Lavando a nossa imagem
Podemos agora andar na luz
Graças ao meu kamba fiel Jesus

(ª) Kamba: Significa "amigo", na língua nacional angolana Kimbundo

*****

POEMA II
Branca Clara das Neves

Olha como a árvore respira ali na pedra. Santa.
Plantas bissapas vermelhas, brancas, verdes. Santas.
O céu ali mesmo, a passar. Santo.
Os pássaros e as lagartixas. Santos.
A atmosfera sustenta-nos de azul e ar e damos caminho à luz.
Definitiva.
Somos muito pequenos.
Recebemos este lugar e matámos aqui. Todos matámos e eles que morreram.
Podemos sentar hoje e comer as laranjas nossas de longe pousadas nos cestos reais, nossos de longe. Laranjas Nzeto pousadas nos cestos Cazombo. Marcas nossas.
Somos muito velhos, custa agradecer.
Agora não dizer que esse dossiê do perdão é lá com Deus.
É connosco mesmo.
Preciso desse ar, da pedra, das bissapas vermelhas, das lagartixas e dos cãezinhos que viram tudo. Aqui mesmo ao lado.
Passem os pássaros que nos ensinam a passar. Santos. Todos.
Preciso da atmosfera que sustenta. E tu. Ela também tinha dito.
Antes de. Poder respirar lá.
Depois agradecer com os óleos perfumados. Uns aos outros consentir. Recebe então, sim. Dá então, sim.
Então, fica igual os dois. E a subir de verdade.
O chão sempre. O ar, os meninos, a lagartixa, os pássaros, a atmosfera que sustenta, a pedra.
Sempre a subir.

*****

LUTO
Branca Clara das Neves

Voaste sem adeus como se tudo ficasse dito. E nós.
Aqui à tua mesa. Tontos. Sem pele. Condenados aos
horizontes uns dos outros.
Estarrecidos. Querer matar este deus.
Salvar. Pôr as mãos sobre os corações. De repente
muito tempo.
Apavorados. Sem pele. Para já os horizontes imediatos
uns dos outros.
Calados, dizemos todas as palavras. Ouvir que é assim.
Tratar das coisas. Receber pessoas. As fotografias, o
fb: nada o pode chamar.
Parados, sem poder rezar.
Quem já cegou assim que chegue e fique aqui a indicar
a luz. Nós não. Nós é que não.
Quem não enlouqueceu?
Ainda.
Se tudo é pouco para te celebrar, comecemos pelo que
celebravas. A 125 azul,..., Kurikutela, Abdullah Ibraim
Dólar Brand, Ladysmith Black Mambazo, One from
the Heart, e..., e..., sabemos, sim.
Sabemos também o hás-de não será o Hades.

*****

Um mar, duas ilhas.
Vicente Ricalo

Não há vista mais formosa que o mar
Em paralela perspetiva,
A útil utopia do horizonte olhar
E a baia, uma tela atrativa
Sobretudo de dia quando o astro sol mais brilha
E se um pouco de orvalho nos caricia.
Nada me cativa mais e nada há mais sublime
Que a cor azul do mar, o azul celeste
Que a felicidade da minha alma exprime
E me conduz sem visto nem passagem até o oeste.
Mas no meu regresso não há visão mais agreste
Que aquele próprio mar desde a imensa altura,
Não há ente mais temível e agressivo
Para o murcho coração que não chegou ao destino
Onde se sente mais feliz, mais vivo:
Numa remota ilha de ocidente
Que deixou á perpetuidade, movido
Pela força do amor, sim, desta sorte
E partiu ao norte, a esta outra ilha onde vive e morre.
Hoje a minha essência geme
E a dupla condição do mar evoco,
A sua beldade contemplo, seu espaço magno toco
E sua utopia de morrer me exime.

*****

RECADO SOBRE S.TOMÉ
Maria Manuel Godinho Azancot de Menezes

Leva-me no teusonho !

Aos verdes e águas da roça Santa Catarina!
À foz do riozinho da tuapraia,
aopregão da lavadeira e da varina...
Àsvulcânicaspedras no mar que espraia...

Leva-me no teusonho...

"Ritmo de África" da terra húmida negra.
Água de coco da melhor do mundo,
fruta-pão, safu, jaca, no farnelsemregra...
Aoscaranguejos da montanhaláao fundo!

Leva-me no teusonho ...

Ver Ússuadançar no recinto dumfundão.
À Cascata de São Nicolau de sombrios vaporizados,
à estonteante estrada secular que leva ao pico do Cão,
às neblinas protectoras dos nossosantepassados!

Leva-me no teusonho...

Aorefogado de peixinho, calulu e mariscos.
Aoguembú da gruta com o caçador.
Ao apetite genuínodestespetiscos,
aosgrelhadosconcô, espadarte e voador.

Leva-me no teusonho!
À maisformosailha, a do Príncipe!
Aos macacos da floresta e à música dos papagaiosfalantes.
Voarei contigo, meu príncipe,
para amar com o amor de antes.

QUE FERA MA PROMESSE?
Maria Manuel Godinho Azancot de Menezes

J'ai promis...
Dans la maison de couleur verte où court la fille aux jambes tordues,
J'ai promis,
à l'enfant morveux qui a toujours entendu un non aux volontés,
et sa soeur qui connaît la menace par le commun bêtise.

J'ai promis,
à l'adolescente qui pense qu'elle n'est pas autorisée à rêver même quand les heures sont
mortes,
J'ai promis,
aux garçons qui partagent la gentillesse
- à ce que personne n'ait faim, qu'aucun ne pleure, et que nul souffrira étant malade dans le silence sans tendresse.
J'ai promis
à la fille qui n'a pas appris les lettres xyz
J'ai promis,
aux jeunes qui ont eu l'occasion de commencer un ofice,
qu'un coup de main les apprendra l'après le ABC.

J'ai promis,
aux filles plus âgées - des mères empruntées aux plus petites et à celles qui n'ont jamais acheté un bâton ou une autre dépendance innocente.

 J'ai promis ...
Qui surmontera le traumatisme de la guerre et de la séparation,
de découvrir le ciel et le voir étoilé, et de jour, le bleu limpide de l'eau dans ses mains coulera.
J'ai promis ...
Parce que l'espoir est un lendemain dans notre cœur.
Et parce que je crois en des mains se collant amicalement.
Mais ...
Que fera ma promesse

ÁGUA DA FONTE
Mavenda Nuni ya Áfrika

Toda a fonte tem algo sério e original
Toda palavra na sua raiz traz algo original
Toda a sabedoria na sua origem traz originalidade
Diop em sua fonte é dócil e originário
Anta Diop, 'o faraó' sábio aconselhou a beber da fonte...
Desta fonte afrikana inesgotável
Desta sua herança interminável
Desta ousadia inquebrável da afirmação civilizacional
A herança ancestral que inspira a milhões mentalmente.
Suas raízes estão firmes em poucos angolanos, mas muitos diaspóricos...
Essas raízes da civilização da humanidade, sim, é o berço da arte...
A felicidade de reler o seu legado na fonte afrikana
O sonho é chegar nas pirâmides com nossa associação afrikana
Fonte é cheikh Anta Diop, ele enraizou a coragem de pensar sob-humildade e realidade.
Ao seu lado rodam os vários que te seguiram.
Nossa força por hoje, é desprezada por cultura que os hipócritas herdaram
Toda vez que releio imagino a sua identidade do pensamento
Ancestral água, N'zambi é a original... Civilização nunca se esquece totalmente
Chegou a herança para essa juventude que menospreza a sua memória
Relevância e a minha admiração fonte de inspiração histórica
Elevando as nossas raízes para a eternidade poética...
Ubuntu humilde, na criação da ontologia espiritual e consagrada.
Nunca esquecem os mestres que nos inspiram...
Áfrika não é filho, é mãe sagrada de quem se inspiram
O legado do passado são reafirmações de raízes...
Beber da coragem complexa nos estudos egiptológicos. Paz memorial do Diop.
2017. Luanda-Angola. Gabriel Ambrósio... Mavenda Nuni y´Áfrika.

Mamã!
Lorna Telma Zita

És a minha força motriz,
O calor da combustão que move o meu ser.
És o início e o fim, o meu caule e a raiz,
Pois, é em ti onde busco forças a cada amanhecer.

Quando tudo da errado,
Quando o mundo fecha-me as portas,
E sem esperanças fico desesperado,
Mas, ao chegar em casa e encontrar-te, nada disso me importa mamã.

Porque, lembro de tudo que você fez,
Para eu chegar onde cheguei,
Nem as xidzumbas de Zimpeto e Manhiça
Misturado com o calor azedo te fizeram desistir
E quem sou eu para desistir?
Sempre que ouvir um não.

Mamã, quando tudo parece não ter sentido,
É em ti onde busco garras para vencer,
Porque és tu mamã o meu maior suporte.

*****

Aprendi
Lorna Telma Zita

Foi muito tarde, mas aprendi
Aprendi que não se implora por amor, nem atenção
Que não se obriga a amar que não nos ama
Que o amor é liberdade e não uma prisão
Foi antes de eu aprender essa lição
E assim
Eu deite a liberdade de usar-me, de maltratar-me
Da maneira como bem quiseste
Virei um produto barato nas tuas mãos
Até que o tempo me ensinou
Que nada disso vale a penas, se não for recíproco
Pois, é isso eu aprendi depois de muitos tombos e de muitas lagrimas.

*****

Ingrato
Lorna Telma Zita

O que é as minhas curvas não têm
Que tu agora buscas fora?
Enquanto olhas para outras,
O meu coração tu feres.

Lá se foi o tempo,
Em que tocavas-me, e tocavas-me muito bem,
Nunca ousaste deixar-me uma cama fria e voltar na manha seguinte,
Tempo esse, em que não existia joaninha, Mariazinha nem Zabelane.

Quando os meus seios ainda eram firmes como uma melancia,
Quando eu era a tua flor,
Flor essa que tu agora plantas em casa,
Sem cuidados e sem rega-la.

Será que devo lembrar-te!
Onde e como me encontraste?
De quão difícil foi conquistar-me
Ou estas a espera de eu ameaçar arrumar as malas
Para acordares?

*****

ROSTO MAIS QUE PERFEITO
Wilton dos Zicas

Estou amarelo de ver
A chuva de estrelas
Beijocando o teu rosto, exíguas querelas
Meu olhar doido, meu vitalicio dever

Nem sequer largas o parco andamento
Mais devagar do que a tartaruga
Coisas boas tardam a chegar, só lamento
Uf! Quero tactear a tua pele negra em fuga
Como as nuvens que açodam a tempestade
Sublimidade…

Valha-me Deus!
Irrequietos anseios meus
Esbraseando pelo fogo não natural
Deste embevecido corpo escultural
Olhos raros, beiços caros
Não voejas em bando tal qual pássaros

Ao pé da letra
Vou sorvendo a luz cinérea que penetra
Nos exímios cabelos crespos
Os ebáneos anticorpos
Deferentes…
Diferentes!...
Tão frescos, brandos e fulgurantes
Teu destino eu sou?
Estou à espera na areia onde não estou
Talvez
De quando em vez
É só uma questão de tempo
A fio do passatempo…

MADJONIDJONE
Wilton dos Zicas

Cumpriu à risca
O trabalho braçal das minas sul-africanas
Agora prisca
Para as aldeias moçambicanas
Quem arrisca
Petisca...

Madjonidjone!
Homem de mina, intrépido ícone
Com olhos fatigados de roer osso duro
Do trovejante covão escuro
Que deixa pulga atrás da orelha
Hesitando o colapso de mina velha
O vento viaja de um lado para o outro
Ingénuo, subtil e neutro

Madjonidjone!
Pisando de novo o solo autóctone
Onde há maningues rosas sem espinhos
Saudades dos aposentos estranhos
Sim!
Tintim por tintim

Conversa vai, conversa vem
Saudando o rio humano que está aquém
Debaixo da copada árvore de matusalém
Pelas mãos calejadas
Espreitam oito rotas arejadas
Da picareta alegre
Que acorda o sorriso de vinagre

*****

...O MITO DA COR...
Job Sipitali

Toma-se a cor pela palavra.
A garganta enriquece-se
de mitos nocturnos.

A fogueira evoca os espíritos,
enquanto a lenha se prolonga
esperando a verdade.

Mente quem conhece a
história do pescador de palavras.
E eu sou balaio que se estende ao silêncio.

*****

...INÉRCIA...
Job Sipitali

Tosse o suor.
Agasalha-se o presente
edénico.

Dias pródigos
batem portas
gentílicas.

 Precede
o ventre
o pão.

*****

...A GRAMÁTICA E A ZUNGUEIRA...
Job Sipitali

Corrige-me
o destino
não o pensamento.

Corrige-me o sofrimento não a gramática
que gosta de comer bem com os verbos e esquece-se dos
pronomes personificados, dos pratos típicos e quentes da sintaxe.

Corrige-me a palavra,
não a polissemia que gosta de ser híbrida.
Corrige-me tudo, menos o pensamento.

*****

Cabo Verde
Arlindo Mendonça Andrade

Dez ilhas, dez destinos
Dez mundos, um só país!

Dez braços acenando,
Agradecendo:
A paz, o amor e a convivência
Ao ritmo
E no prazer da música inspirada e inspiradora.

Dez filhos de pobreza
Mas os preferidos da lua que lá deixou o seu encanto.
E pelo sol que irradia a alegria de viver
E conviver
Na liberdade com a natureza bela e agreste.

País da fantástica gastronomia e da morabeza,
Do sonho e da paixão.
Crescendo à velocidade do vaivém das ondas do mar
E da saudade, de cânticos harmoniosos
Cantados com alma
Envolto no som de vários instrumentos.

O avivar da alma e da cultura
Marcada pelos valores da harmonia, fraternidade,
Tolerância e justiça.
Meu país, meu amigo!
Minha âncora, meu porto de abrigo
Que me acolhe no seu cantinho
E aonde me refugio das tormentas.
Cabo Verde, pequenino
Prolongado numa diáspora dinâmica
E arreigada às tradições
Que, por este mundo fora imortaliza
E faz presente a nossa cultura

Poema 1
LOBITINO ALMEIDA N'GOLA

(auto-mensagem)

Para onde vou, não sei;
onde estou, desconheço,
só sei que não estive aqui
e que não quero ir para ali,
sem esquecer nunca, donde vim.
Lisboa (HCC), 21-Março-2017

*****

Negro-rubra
LOBITINO ALMEIDA N'GOLA

Que águas desassossegadas
se tragam
e se degustam.
Sejam as do Bengo e as do Catumbela,
do Cunene ou do Cubango,
do Cuanza ou as do Cassai,
do Congo, Cuito ou do Cuango
não há como fugir delas.
São prenhes,
adulantes
e macumbeiras.
Venham a singular gazela
e o soberbo elefante;
jornadeiam-nas a esbelta gaivina,
e o aristocrático leão,
mais a palanca galharda
e o dongo pescador.
Sejam rubra a determinação,
ornitológica dourada a vontade
ou negra a forma;
não há cuidados,
não há, dissimulação;
só transparências,
e naturalidade;
só mar,
terra,
ar,
só um povo:
Angola.

*****

Destempo
LOBITINO ALMEIDA N'GOLA

Mal vai o tempo
quando o tempo parado,
parece.

Três semanas de destempo,
é tempo demais;
onde o dia, o tempo, ver,
só pela janela pode ser.

Mal vai o tempo
quando o tempo esmorece.

Só o azul-celeste deslumbrante,
uma bela parede verdejante,
pardais e andorinhas,
se pode antever
e livros ler.

Vale um livro que lê ou relê,
a ondulante verdura que amuralham,
umas nuvens que passam.

Para o tempo,
não seja um total destempo!

*****

Romantismo Selvagem
Mutume Reis Manjate

Uma mordida dos teus dentes fala romance
Fazem me voar essas tuas unhas de garras quando penetram me as costas
Vai morda me devagar e com estilo
Juíza dos meus desejos faça me sorrir ate chorar

Com essa mestria da topografia beija me como se todos meus sentidos fossem tua mira
Minha manequim do alto figurino onde todos querem comprar
A única e nova revelação metálica de carne e osso
Agita esta fauna maravilhosa cheia de "Eus" te querendo

Teu suspiro liberta sensações desta cidade que quero governa-las
Não me deixa pronunciar uma palavra que comprometa teu ritmo
Molha o tapete com o vapor do teu sangue
E só me levanta pra dizer que ganhaste o dérbi

Mulher da fruta que fundou o pecado
Abra as portas da cidade e engata todo calor neste "ferro de bronze"
Espanca me não vai doer
Meta sal no lugar de açúcar
Deixa arrancar-te os cabelos também mas antes confessa que não vais sentir

Tão menina e inocente, qual menina eras depois dos nossos corpos em chama?
Se essas paredes falassem o que seria deste momento de romantismo não esquecido
E das marcas tatuadas nas costas de um guerreiro falecido
Teus toques selvagens transformaram me em fêmea.

*****

P-R-I-M-A-V-E-R-A
Mutume Reis Manjate

Depois da primavera e quando o verão bazar farei uma prosa
p-r-i-m-a-v-e-r-a pediu que a oferecesse uma rosa
Nesta estação sopra vento e bem no fundo faz frio
p-r-i-m-a-v-e-r-a enlouquece me com esse sentimento sóbrio

P-R-I-M-A-V-E-R-A
Depois da primavera estarei com a outra nesta autêntica mudança
Quando passo minha palma em ti, tua estrutura dança
Hoje o sol nasceu tarde o céu está azul sem nuvem
 Tapemos os olhos aos laços que nos unem

P-R-I-M-A-V-E-R-A
Não precisamos revelar nada á ninguém
Prometo guardar o segredo, agora tranca a porta e veja se levaste as chaves também
Da me um toque se estiveres á dois passos daquela nossa janela discreta
p-r-i-m-a-v-e-r-a oferecer-te hei-de uma coroa rainha então aceita

P-R-I-M-A-V-E-R-A
Confesso que fico louco quando baixas a cintura e ficas por cima
Mais não esqueças que somos primo e prima
Primavera teus lábios tem o sabor perfeito da minha poesia
Mais nem com isso, ainda ti chamo filha da minha tia

P-R-I-M-A-V-E-R-A
Eu chamo te de Porca
Sim Porca, porque sou teu parafuso na p-r-i-m-a-v-e-r-a
DEPOIS da p-r-i-m-a-v-e-r-a farei um belo poema para P-R-I-M-A-V-E-R-A.

****

CAFÉ
Gabriel dos Santos Pereira

Ca·fé
(francês café, do italiano caffè, do turco qahvé, do árabe qahuâ, vinho, café)
Café, corre nas veias do negro como o próprio sangue vermelho e ardente.
O café preto que enfeita meu vício, pinta o copo ao tom de preto marrom.
As molas e engranagens das máquinas dão aparições nos piores pesadelos.
Trabalho árduo, as mãos calejadas com marcas parecem mapas secretos de retorno ao quilombo.
[quem dera fosse] não foi.
Mortes, algemas, chibatas, e ele aumentando grão por grão, sendo moído sobre as costas pretas, e o único que prestava . Café! Café!
A maldita cafeína que na bula dizem deixar acordado, não é necessária. Nossos avós aprenderam a estar alertas até mesmo em seus miseráveis tempos de descanço.
O peito do pé ralado, mãos sem tato somados a engranagem rodando e rodando num tom infernal.
Café tem apenas um nome nos livros.
Mal sabem, carrega o nome de tantos outros fulanos e ciclanas, citar o nome pra quê? Se no dia seguinte será tudo Café.
Ensacar, triturar, catar. Café
O papel não conta, nem vai contar. Quem vai remexer o pó de café?
Quem vai procurar o nome dos atuais soterrados
escondidos
dos selados em areia de praia?
E o maldito nome ecoa. Café!
Se no dia de hoje, enfeitamos os gráficos de analfabetismo, noutra década éramos parte da crosta numerosa do café . Café !
E as pás, os sacos e sacos de carvão tem um nome . Café
Os chicoteados, pendurados, tem seu sobrenome. Café!

A SENTENÇA DA INSENSATEZ.
Magno Domingos

Congelam-me os pés
É a sentença da insensatez

Petarda manha, arrogância alçada
Tardia cessa assim a palhaçada
Perenemente aguentamos a foice
Pesada sirga que carrega o açoite.

O que será de vocês?
Acéfalos altivos algozes
Que gastam vigor precioso
Nas agradas de chefe maldoso.

PRECISO SER GENTE OUTRA VEZ
Magno Domingos

Chamem-me a mulher
Digam-na que volte
A fome ja passou
A sede ja não é mais.

Digam-na que volte
Ja não vamos passar fome
A noite vamos dormir
Pela manhã irei como antes, trabalhar

Digam-na que volte
Ja podemos sorrir de novo
O dia será alegria
Na mesa haverá comida

Chamem-me a mulher
Ja não haverá pranto na panela
Não haverá nudez nas costas
Nossos filhos vão cantar outra vez

Chamem-me a mulher
Vão cantar a fartura
Nosso filhos nosso futuro

Por favor volte
Tenho outra vez dignidade.

Digam-na que volte
Mas volte mesmo por fa

Preciso ser gente outra vez

À PEDRA
Canhanga Soberano

Cantam alegres
Sempreem grupo
Jovens casadas
Senhorasjá preparadas
Moçascobiçadas
Todas prendadas
Viúvas e sengadas

Cantam e contam
Malambas de vidas
Estóriaspassadas
Problemas solucionados
Assuntosalmofadados
Outros tantos exorcizados

E o martelo-pau
Curvo e afável
Contra o milhoumlacrau
Tuc, tuc, tuc
"Quando fui moer o milho,
Julgava ser para consumo e negócio...
Serviu para casamento dele comoutra!"

Liçõespassadas sobre a pedra
Onde o milhonão resiste aopau e pedra
E elascantam o que pensam
Fazendofarinhacom destreza!

****

POETA FARRAPO
Canhanga Soberano

Um poema, umadistração
Um trago, umailusão
O sono, umapagão
Depois, nova realidade, o cantar do pavão,
O pão por comprar,
Os filhos por gerar,
As doenças por tratar
As contas por pagar
Os patrões por aturar
Amores por reconquistar
.?!
Maisum trago
Jásem troco
Souumfarrapo!

*****

MÃE INVISUAL
Canhanga Soberano

Não me vês
Mas pelo cheiro me tens
Seguindo a voz vens
Assim como a cegatoupeira
Nos sentidos refinada
Minhaalegria de volta
Quando netos à volta
Voltares a ouvir
E vais, a toa, sorrir
Casa tua, toda
Famíliatua, toda
Cerca-te à volta
E gritas solta
Lembrandomeu grito
Primeiro!

*****

É-me Escudo
Hilton Fortuna Daniel

Ancorado em horas malditas - redobr'os meus
sinais que pintam noites em luas de meros dias
para que te não veja sem tais ruas de melodias
confio minha esperança senil nos ombros teus

que amanhã hão de regalar pontos órfãos de nó
e a terra dos prazeres sentir-se-á esbelta e linda
e na berra do entardecer há à espreita a avenida
de semba em que me danço em notas de mi e dó

mas na secura duma infâmia - sou só um súdito
e sim-sim, não se cura a dura infância de súbito
no muro dum lamuriar diário em que me acudo

na desesperança de quand'o insucesso atravesso
e, ó mãe, não difundas o regresso do teu avesso
o murmúrio d'um amanhã melhor é-me escudo

*****

O Meu Medo
Hilton Fortuna Daniel

Andei tudo hoje: - dancei entre o ser e nada
cantei nas notas das ondas - e fiz a serenata
mil águas viajaram os atalhos de um só rio
eu, eu as mágoas escondo-as quando sorrio

«amorgurados» adiados de escalar um pódio
sempre que nos protegemos deles e do ódio
entram as labaredas d'um coração devoluto
quando ouvir a voz de súplicas, sou indulto

Ferve-se-me o sangue duma alma em chamas
sou o dono do nome por quem à noite chamas
e se esses caminhos não me levarem a Praga

sou eu o pergaminho dantesco, a própria praga
numa redoma a ver morrer cada dia cada hora
o tempo arredonda o que o meu medo explora

*****

Há'inda brilho nas velas
Hilton Fortuna Daniel

Não sou ator, só repito quem no palco imita
egos shakespearianos d'um capítulo eremita
autor, com que consolo a minh'alma lavas?
teatro é solo da vida **amor'gurada** em lavas

Sou raio que parte, sim, fonias de **nós'arte**
desejo tomar-te em mim, oh - meu baluarte
talvez seja a tela, a dor de quem se desterra
música, rascunhos - ou acerto de quem erra

No ermo - canções agigantam nobres almas
fim de cad'ato de vida, palmas sobre palmas
santos: só do árduo fado de que me desgarro

às vez'eu - pinto versos em pontes de barro
às vezes - sou eu e as sombras: posso vê-las
entre tombas e sobras há'inda luz nas velas

*****

NO TEU ADEUS
Domingos Cupa

Não só,
Leva
Sorriso, angústia também
Alegria, tristeza daqui para o além

Não só
Deixa,
Solidão, partido coração aqui
Vazio, espaço que não é mais sem ti

No
Teu
Adeus
Tudo o tens para dizer,
Diz
Inferno é viver sem te ter,
Infeliz
As coisas que eu não fiz,
Quis,

No
Teu
Adeus
Tudo o que quiseres fazer, faz,
Parte os quadros, risca as paredes, rasgue as fotos, tanto faz,
Pior são memórias/sem glórias

No
Teu
Adeus
Não se transformará em ódio o (nosso) amor,
Independentemente de tudo, seja qual for a dor
Se está a ser assim
(...não estava escrito) este é o nosso fim

AINDA QUE...
Domingos Cupa

Ainda que veja o amor partir
Partir o coração ferir
Ferir a alma destruir
Destruir e tudo ruir...

Ainda que fechem as portas do mar e peixes deixem de se multiplicar
e tudo ali acabar
Rostos com lágrimas no canto do olho pintem-se de rosas de porcelana
sorrisos de lágrimas ressoem num assobio meu
Ainda que o escuro ofereça paz e o do luar temer a matre pátria
Não...não ao desespero! Afinal não os ensinaram a amar.
Ainda que apunhalados virdes, sufocados planos,
Vidas transformadas em sonhos realidades confundidas com ficção,
Vacine-se!
O cancro da respiração é melhor que o inferno
Aqui e ali, ainda que virdes cegos vislumbrando imagens de futuros
E de mudos ouvirdes promessas
O coração espera descanso eterno

*****

POEMA II
Daniel da Purificação

Chove   chuva
chora   o   céu
choro por ela
i
o   destino   me   leva   alémdessaimensidão
de existência perene
porque
o   limite   não   é   o   céu
quando   o   cosmos   é   a   minhareferência
já   que
mesmohavendoqualquerintermitência
não estamos nem no limite da minhaliberdade
apenas
tangível   na   evanescência   do   ser
remetido a contingência do cronos...
Sujeição nunca
mesmo   que   essa   chuva
façabradar os céus
sob   o   jugo   dos   que   rangem   os   dentes   por   imposição
ou
vontadeprópria
Liberdade   é   caminho
Liberdade   é   opção
Liberdadenão é crime...

*****

Palestina
Ismael Farinha

Terra das terras que pecado cometeste que não conheces a paz,
Não me digas que não conheces esta palavra,
Palestina...
Pais dos profetas e mensageiros,
Nobre e o seu povo,
Que não tem nada de novo,
Morrem velhos, mulheres e crianças inocentes,
Indefesos e ninguém diz nada.
Palestina...
O que será das viúvas com bebes no colo?
Me enrolo de lágrimas gotejando sobre a terra em guerra.
Palestina....
Onde esta?
Oh humanos,
Saibas que o sangue do branco ou preto é sempre vermelho.
Queremos a paz, amor e carinho, como qualquer povo que merece,
Chega de guerra de luta e luto, o pais precisa de alcançar os seus planos e objectivos traçados.
Sucessos,
Sucessivos,
Sem cessar e o que desejamos
Palestina.

*****

Cansei de mim!
Fernando Paciência Luteiro Palaia

Entre estar comigo mesmo e estar sozinho as vezes prefiro estar sozinho
Pois o maior retrato que tenho sobre mim é de um cachorro molhado ao pé de um rio.

Ao som de um batuque cuja a música entoa notas amargas untada de espinhos
Apalpo as feridas que germinam das zonas mais profundas da alma

Encontro-me no fundo túnel e ao invés de luz observo a sombra de um soldado apontando-me sobre a cabeça uma arma

Cansei-me

Cansei-me de ver sempre o vento bailando em sentido contrário
Cansei-me de ver sempre a tristeza escrevendo com lágrimas cada página do meu diário

Cansei-me de mim!

Cansei de ser essa ave sem patas obrigada a voar em lugares incertos cada vez que sol se divorcia do mar
Cansei de ser esse jardim repleto de insetos, brotando mal cheiro pronto a secar

Cansei de ver as cortinas se fechando e não poder ser o protagonista do meu próprio teatro
Vou levantar-me da plateia, vou despir-se de mim e revestir-me do meu outro lado

Canse-me de mim!

APOCALIPSE 1942
Kalunga

I
Em nome do Ar
dos santos
Ámen!
Ei-lo lá
A lançar lembranças
No mira mar
Um santo em seu santuário
Sem crentes nem 10contentes
II
Da pobreza veio
e nela voltará.
Eu vi
Era arcanjo
Servo fiel de deus
Depois rebelou-se
E santodiabo ficou

*****

DADA
Kalunga

São vidas que se b(r)otam
Para os meus dedos
Um mundo um mudo um agudo
Silêncio de barulhos
Se me corrói
Como vendaval de rosas
Cores de rosas
Perfumam o meu imo
Não sei se creio se descreio
Ou se recrio
Luzes
Meu inconsciente é dada
Na infinitude do nada

*****

Vítimas da Vaidade
Adailton Zinga

És tu...
Sou eu...
Somos nós...

Quando dançamos a música da compra
Excitados com os míseros kwanzas
Comprando de tudo e mais um pouco
Sem rumo, sem foco.

Vítimas da vaidade
No asfixiável mundo capitalista
Fazedor de ladrões que aspiram grandeza
Flagelados pela pobreza extrema
Indigentes culturais!
A Nação é a mesma,
Mas todos...
Somos rivais (tribalistas, regionalistas e outros).

Vítimas por negligência
Chorando vaidade e emoções sanguinárias
Na calçada da fama suja
Matrimoniada a óbitos e paraplegia social
Nesta sociedade justa de injustiças
Com médicos sem saúde e sanidade humanista.

Vaidosos sem vaidade
Nauseando erros caligráficos e sonoros
Entre palavras de pesar
"Amém!"
"Deus seja louvado!"
Que no fim do dia,
Nada resolvem.

BORBOLETRAS
Hondina Rodrigues

Desde ovo vôo por entre linhas
Eis que me fiz nas entrelinhas
Ponta de caneta empunhada por Deus

Para lá do cinzento
Desenhei ondas chicoteando falésias

Da imortalidade
Esculpi o regenerar do tempo
Pintei coincidentes acasos e peripécias

É de mim a vida
É de mim com alguma sorte
Toda a morte em que (re)vivo

Da lavra que cultivei ainda larva
Colho letras que construíram
Meu eu alado
Eis-me palavras!

Pela borda destas asas
Respiro o belo da vida
Rabiscando na palma do supremo
Bocados da vista

Ergo-me nestas cores
Fruta amadurada
Expelindo doçura e lágrimas
Soprando dor de algum amor
E de lés a lés
Sem vez
Borboletrando.

DECLÍNIO
Hondina Rodrigues

Cada
Vez
Mais
Cá
Davas
Menos

A lua
Aqui
Gargalha
Um hades
Fétido
De um querer
Falto
De gana

Gélido
O magma
Sobre o laço
Bradeja
Em triunfo

Já não há
Nem mar
Só um banco
Solitário
De areia...

*****

PARTIR
Hondina Rodrigues

Sejam meus passos enquanto durmo
E aprecie eu, na ida, este falho mundo
Cada ponto seja um canto meu
Cada porto, seguro como o céu...

Cale-se a voz do tempo neste ir
Em que a espera se fez moribunda
Irei carregando meus quês e porquês
Descansá-los-ei na Suprema Sofia, talvez
Não mais quererei respostas ao partir

Deixai-me, ó amores, ó desafetos
Buscar alguma vida com o trilho recto
Que se me aluviou sob pés
Forçado por aparentes dilúculos neste ser
Neste ser meu em solilóquio no ermo do ir

À borda de lugar algum, nem forte nem fraca
Eis-me disputada pelo verso e o reverso
De alguma sorte a léguas do alvorecer
Buscando, já pronta, o leito do sol-pôr
Desdenhando qual santa pecadora o negro do ébero

Oh, santa parca vida a que canto
Calhar-me-á a barca das incontáveis idas ao pranto?

Serão meus passos enquanto dormir
Contemplarei o calar do tempo ao partir
Deixai-me, amores, desamores, deixai-me ir!

*****

TACULA
Branca Clara das Neves

- Dá licença, eu tenho documento
A poeirada turva os olhos mas não tapa a fronteira
- Mostra então sua licença!
A multidão estancada ali no sítio da árvore Tacula que tem as raízes dos dois lados

xxx   fronteira   xxx

Dum lado,
pessoas-porta de um azul sem discussão
E do outro,
pessoas-porta de um verde sem discussão

Motores. Filas de Camiões. Kewesekis de escape podre. Sacos em pé. Cangulos. Bebés

Dum lado,
chóriço - combien? - six mil francs,
aqui terra
E do outro,
gimboa é quanto?
aqui asfalto

Chega um vento aceso de doçura
aquele que longamente vimos chamando
e com ele aquela senhora.
Lhe damos nome: Bessangana.

Atravessa bidons amarelos, rinocerontes impressos em plástico, pneus, rapazes com muita carga, trouxas, carvão, as tampas brilhantes das latas de leite, bagageiros a gritar nas línguas das suas mães, as meninas a olhar de esperança e medo, a pessoa que ontem era porta sentado do outro lado, agora vincadamente nas suas calças kaki.

A Bessangana passa.
Vem de Marte mas não é verde

Os corpos amparam-se no apertão. A bacia estremece na cabeça. Nada de tocar a vedação. As farpas são lâminas.

xxx   fronteira   xxx

Dum lado,
vigilância audácia persistência
E do outro,
Bienvenue
No reverso
on vous dit au revoir

O rapaz da keweseki com o volante decorado às fitas de plástico rijo entrou. Por baixo da lona vai 1 passageiro com escritos numa pasta "If you come back we will kill you": Beatings Torture and Denial of Food

Ela passa, visita.
Largou quindas, quitandeiras, a sombra da Mulemba
toda a quietude suave dessas mães imaginárias
Caminha com a força de peito das zungueiras
talvez traga o tempo largo

A pessoa-boss lança os olhos cobiçosos sobre árvore Tacula: x quantos metros de madeira x quantas mesas x quantos quilos de prensado.

Ela passa, visita, transmigra.
A Bessangana não é pós-nada é o que sempre foi
o vento futuro que deixámos de muximar
e chamámos

Atravessa aquele fuka fuka como se não fosse undocumented. Se calhar também vai só ver o tio.

A Bessangana passa, visita, transmigra, encontra.

Seu pano tem a macieza da folha
Flui como o ar a água o sangue e a vida
que nem sempre é verde.

*****

MARCHAS
Ozias Cambanje

As marchas despertaram-me aos cercos
Reconduzidas aos calabouços cerebrais
Enfurecidas com pesares do Palma-tória
Da Macomia e Ulumbi das noites insólitas
Estorvadas do meu Cabo Delgado.

*****

NADA É LIBERDADE
Ozias Cambanje

Brota na minha vista
Uma gota de lágrimas,
Conquistando a minha testa
De inapagáveis flamas.

Nasce forte a liberdade
Prendendo-se na minha virgem alma.
Nela espalha-se a singela flama
Onde tenho a liberdade de deter a liberdade.

Nasça a liberdade
Nasça da gota de lágrimas
Nasça estendida em chamas
Nasça. Em mim nada é liberdade…

*****

A PAZ NO POMBO PRETO
Ozias Cambanje

O eterno susto da paz
Provém da morte
Do afecto de cada preto.
Catapultado pelo pombo branco
Que unicamente sobrevoa no seu espírito
A única e incombatível cor da paz.
Num ego que só faz desmerecer
Soltando as mãos e acorrentando as mentes
Sepultando o chilrear do preto e a sua arte de ser.

Renasce a paz…
Do renegado pombo preto
Das batalhas freadas,
Escoltadas de rosto preto e,
Maquilhado de preto
E o seu troféu de preto
Reaparece acasalado de branco.

*****

Beleza feminina
Morais José Manuel

Toda mulher é linda
Linda é
Até que corte o cabelo

O seu cabelo desce
Sobre as golas
da sua beleza

Transmite o oásis natural
A exposição dos 100 brilhos
Seus cabelos são as folhas das árvores
da admiração

Mulher é...
Um anjo demónio
Um demónio anjo
Tudo depende do seu cabelo.

*****

ESTAREI LÁ
Morais José Manuel

Quando o sol tentar queimar a tua pele
E não tiveres o protetor solar dele
Eu ai estarei lá.

Quando o mundo te desprezar
E a vida te rejeitar
Eu estarei lá

Quando as tuas forças terminarem
As esperanças esgotarem
Não se preocupe eu estarei lá

Quando pensares em desistir
A tua vida destruir
Mesmo de madrugada, estarei lá

Quando pensares enterrar os teus sonhos
E dizeres " força já não tenho "
Ai! Estarei lá.

Quando os teus sonhos parecerem distante
E tudo que fizeres parecer irritante.
Mesmo assim estarei lá
Quando não quiseres falar com as pessoas
Não importa quem, ou coisa.
Não respeitarei essa atitude, estarei lá.
Quando eu errar com você
E decidires que não quiséreis-me ver
Isso não importará, eu estarei lá.
Quando ficares velha
E a bengala almejares tê-la
Aí também estarei lá.
Sempre e sempre estarei lá

Quem sabe?
Morais José Manuel

Foi-se o império odiado,
Aplaudido por ironia ou por glória?
Também procuro saber

Os poetas escrevem e declamam as vitórias das vozes cortadas
Dizem: - uma nova era
Um lobo-ovelha,
Quem sabe seja uma ovelha-lobo?
Mas o que todos sabem é que se foi.

*****

OH ÁFRICA LEVANTA-TE!
Roque Jose Pascoal de Oliveira

Mãe África
Olha só como estás fraca
Olhos lacrimejantes
Bloqueio na mente

Não mãe África, mãezinha
Livra-te das más companhias
E desligue a campanhia da frente
Que ninguém mais te destrua o presente

Não te deixes enganar beleza
És linda de natureza
Uma alimentação sem rediações
Nem intoxicações

Olha só para a Europa pobre
A pobreza deles a gerar riquezas
Olha para ti África das purezas
A tua riqueza torna-te mais pobre

Oh, miúda acorda
E vai ocupar o teu lugar
Aquele que ao longo da jornada
Vens lutando para reconquistar

Oh, África
Acolheste o pai da medicina,
Mas não tens amplicilina
Para curar os infermos e as crónicas

Ninguém diz ó África
Que o Pitágoras estudou aqui,

Mas todos dizem por aí
Que ele é o pai da matemática

Os gregos minha querida
Usavam e abusavam dos
Teus conhecimentos
Faziam deles a sua comida...

E já ouviste alguém ó Africa
A falar da sabedoria áfrico-grega?
Só te querem inibir ó Africa
E exaltar os teus discípulos gregos!

Ó Africa
Já é hora
Levanta-te agora
Deixa de ser fraca

Tantos conflitos armados
Numa terra em que a maior riqueza
É a palavra? Estás a perder a pureza
E viverás como um condenado!

Quando penso nos nossos sábios
Ampate Ba, Kofilobengá, Abobacari II
Abla Pokou, Sundiatá, NeneliqueII,
Mas poucos os reconhecem como sábios!

Oh África, você ensinou
Tanta coisa ao mundo
Até banhos quentes ensinou,
Mas hoje dizem que és imunda!

Quando reflito sobre as tuas virtudes
Que beleza
Parecem mesmo a pirâmides
De Kiops, que beleza!

Oh África,
Já é hora
Levanta-te agora
Deixa de ser fraca!

*****

À PEDRA
Canhanga Soberano

Cantam alegres
Sempre em grupo
Jovens casadas
Senhoras já preparadas
Moças cobiçadas
Todas prendadas
Viúvas e sengadas

Cantam e contam
Malambas de vidas
Estórias passadas
Problemas solucionados
Assuntos almofadados
Outros tantos exorcizados

E o martelo-pau
Curvo e afável
Contra o milho um lacrau
Tuc, tuc, tuc
"Quando fui moer o milho,
Julgava ser para consumo e negócio...
Serviu para outro casamento!"

Lições passadas sobre a pedra
Onde o milho não resiste ao pau e pedra
E elas cantam o que pensam
Fazendo farinha com destreza!

*****

SAUDADES DE MINHA CASA
Ozias Cambanje

Saudades de minha casa
Aquela coberta de capim indescritível
Que penetra água quando chove...

Sinto estonteantes saudades de minha casa
Saudades seguidas de raiva no meu espírito
Com os que pensam no amanhã imutável.

Saudades...
São intrigantes saudades da minha palhota de capim,
Aquela pequena e empenada pelos bois dos santificados.
São saudades excitantes dos meus irmãos marginalizados,
Negados e arruinados pelos novos gigantes,
Coagidos a desdizer e abandonar os seus valores.

Sinto saudades apenas de minha casa,
Aquela pequena mas, sem diálogo.
Coscuvilhando-me pelos meus irmãos ditos sem escola,
E, interditos a atravessar o rio da ignorância.

*****

REVOLTAS DO SILÊNCIO
Ozias Cambanje

Emerge a nova sociedade de heróis
Instigada a lutar contra as revoluções procedentes
E sentir o paladar de comtemplar o universo descalço.

Somos todos a geração instruída a contemplar o exposto,
Exposto aos olhos de obedientes distraídos a obedecer.

Somos a geração de lágrimas de sangue,
De sorrir quando é para chorar,
De vedar os olhos quando é para contemplar.

Afinal de contas, essas contas só fazem-se de contas?

Nascem as revoltas de obediências, do silêncio e do murmúrio,
Dos gritos que surdinam as ruas e trasbordam os calabouços,
Dos inocentes que são forçados a comprovar incógnitas
Só para habitar numa liberdade que ao menos germinara...

*****

O amor não é para os fracos
Lorna Telma António Zita

Não basta só amar
Tem que ser forte o suficiente
Para resistir as várias tempestades do amor
Turbulências, sofrimento, brigas.
Dias nublados sem entendimento.

Nem sempre o amor nos revestirá de alegrias,
Sorrisos, abraços e beijos.
Por vezes nos amaremos nos odiando
Passaremos a vida como gato e rato.

O amor não é para os fracos

Tem que ser forte o suficiente
Para perdoar, doar-se
Ter milhões de motivos para partir
E mesmo assim permanecer.

O amor vai nos exigir mais do que agente tem
Vai exigir-nos forças quando estivermos francos
Vai exigir-nos perdão depois da mágoa, da traição
E só o faremos se formos suficientemente forte.

*****

Amei-te
Lorna Telma António Zita

Entre soluços e lágrimas,
Que banham meu peito
A cada gota derramada esfregava todo sentimento
Amei-te até ao último suspiro da minha dor
Amei-te até deixar de ser gente.

Amei-te no vazio,
Amei-te no escuro
Ame-te em prantos
Amei-te na indiferença.

Mas deixa eu voltar á mim
A que comtemplava a madrugada e as estrelas,
E sentia o vento balançar no rosto
E lentamente desbrochava a luz da sua existência
Deixa eu voltar a sorrir,
E se possível deixa tentar voltar a ser inocente
Permita que eu não volte a sentir dor
Que eu não ame no vazio nem em prantos,
Se assim for, eu também permito que tu partas,
Para que finalmente, eu volte a ser eu,
Mas meu amor vá, vá, mas saiba que amei-te,
Até ao último pensamento desse verso.

*****

Pétalas rasgadas
Fernando Paciência Luteiro Palaia

O que dói não é esse vazio que apalpo

O que dói é ver os olhos denunciando alegria enquanto por dentro
sou um cristal quebrado,
Uma rosa pálida que se rasga.

Um barco de papel solitário em mar alta,
Uma ave sem patas...

Sou um palhaço alegrando uma ilha de crianças
E no cair de mais uma tarde quando a festa se acaba
reúno-me com as paredes do meu EU,
É mais um diálogo profundo entre EU e as almofadas.

*****

Negro
Fernando Paciência Luteiro Palaia

Eu sou preto com cor de tristeza
Eu sou África, Africa de Nzinga
África de Mandela...

Eu sou sim!
Negro e repito
Eu sou o grito de um leão fazendo eco pelo deserto Sahara
Sim! Eu sou preto quem vocês dizem ser de pel rara...

Porque cansei de ser igual então chamem-me de Palanca...
Eu sou orgulho de todos refugiados reprimidos na Jamaica

Eu sou filho de quem vocês roubaram o ouro em troca de espelho...
Eu sou aquele escravo que construiu América, Europa para posteriormente ser agredido e ser chamado de preto!

Sim sou eu mesmo !
Filhos dos pés descalços
E quanto a ti.... Hoje tu és Europa, graças a mão de obra desse escravo!

*****

Inocencia
Fernando Paciência Luteiro Palaia

Ser criança é plantar flores de esperança no reino do amanhã

É transbordar a alma de alegria, é brincar como se o tempo nunca mais fosse acabar

Ser criança é jogar-se de olhos vendados nos braços da inocência
É apalpar toques de simplicidade
É contemplar de perto o épico da beleza

*****

INSTANTE NOSSO
Soberano Canhanga

Mãos ao ar
Mão no teu peito e
Outra circunscrevendo teu busto
Língua molhada é
Chuva lavando cidade prometida
Exaguando teu leito
E tu,
Cheirosa, dengosa
Ávida de lua-cheia
Mar intenso de prazer,
Balbuciando, tentando...
Quem é meu nome?
E quando o sol se vai
Quarto à meia-luz
Mundo reduzido a dois
Gemidos teus
Fluidos nossos
Nosso instante
Afasta temores
Não há pudor
Não há dor
É apenas amor,
Na sua forma mais natural!

*****

VOO PARA TI
Maria Manuel Menezes

Voo para o teu coração,
Deixa-me entrar no teu íntimo
Aí me aninho, se assusta a escuridão
Buscando no dia um mimo último.

Nós dois e um singular alento
Sonhar e o mundo procurar
Confortar alma e pensamento,
Um só suor num qualquer lugar.

No fresco ar da janela para a rua
Amanheço ao teu lado num laço
Estou para ti como a espuma para a água,
Ofereço-te um refresco e um abraço.

Segredo-te e ouves enternecido
"Abraça-me forte e depois mansinho"
Murmuras-me num beijo aquecido
"Quero-te mais com mais carinho".

*****

MENINOS DA RUA
Maria Manuel Menezes

Vestido de marca ou nu não tem cor,
Oferece um abraço, uma ternura no dia
Seu sorriso ameniza qualquer dor
E a sensibilidade que nos dá arrepia
Meninos são diamantes transparentes!
Todos iguais, todos diferentes.

Menino na cadeira de rodas,
Serias um pequeno anjo disfarçado?
Nos passeios ficavas pelas bordas
Como que esperando um rebuçado.
Naquele dia disseste - "Tia, não fica assim!"
Sem saberes ofereceste o dia para mim.

Sugeriste-me urgente reflexão,
E uma mágoa em mim guardei…
Que sei do teu púbere coração?
Não és um fora da lei…
Humilde vais para a rua,
Deste-me força, esqueceste a tua.

Menina agarrada à mãe, seu bem,
Esperando a minha janela baixar.
O semáforo vermelho no vai e vem,
Ajuda o esconde-esconde brincar.
Espreita e foge a carinha simpática,
Esticando da mãe a saia elástica.

Teus olhos marotos têm luz abrigada,
Teus dentes ausentes abrem uma janelinha…
Tu e eu trocamos uma gargalhada,
Espreito virtude por essa linha.
Criança quer esperança!
Ajudarei para boa mudança!

Em grupo e nas ruas albergado,
Inocente malandreco na vida...
Com casaco grande e desalinhado,
Simulava choro, pedia comida ...
Seguia risonho para o cartão,
O calor do fogareiro era como um coração!

Adolesceste com os joelhos pelo chão,
Nas mãos gastos sapatos fazendo de pés.
Dolorosamente lutaste com o não,
Aprendeste um ofício indo de lés a lés.
Trabalhaste a madeira, criaste estátuas,
Tornaste-te um artista nas ruas árduas.

Vestidos de marca ou nus não têm cor,
Oferecem um abraço, a ternura do dia.
Seus sorrisos amenizam qualquer dor,
E a sensibilidade que nos dão arrepia.
Meninos são diamantes transparentes!
Todos iguais, todos diferentes.

*****

NÃO VOU ENTENDER
Maria Manuel Menezes

Não vou entender!
Não vou entender,
Como se consegue dialogar "PAZ" antes de se tirar tropa,
E *não se consegue dialogar* "PAZ" antes de se enviar tropa.
Não vou entender como não se evita
Permitir uma terra sangrar aflita.
Não vou entender como não se esgota o "impossível",
Porque a história mostra que é possível!
Não vou entender e triste acredito:
"A arrogância militar é o princípio da mediocridade humana".

*****

Retalhador
Agira Cabo Ussene

Na véspera de um céu azul
Em direcção do meu baixel
O azo espanca o meu coração.

Me levando num monte fundido
Nos sonhos com mil actos de criação
Latejando nos meus ouvidos
Com erotismo criando trovões
Com mil espadas me executando nas excitações
Com o meu olhar ressequido
Em ti, crias um desejo.

Espantado no seu furor de amor
Que o meu coração chama de retalhador
Com amor felino proibido
Gotejando nas palavras famintas
Se expondo numa árvore sagrada.

Como se o horizonte chamasse
Como se o amor nos achasse
Aquilo foi apenas um insólito.

Ilusão do reflexo amoroso
Que em seu coração foi detalhado
Por um tempo que deverá ser esquecido.

Como se o retalhador não amasse
E não sonhasse
Com os passos de princesa
Com os movimentos da dança Egípcia
Parecia tudo perfeito
Criando em ti um conselho
Fazendo de nós, um amor de perdição
Meigo, magoado pelo coração.

O SONHO QUE NÃO TERMINEI
Agira Cabo Ussene

Trilhei na dúvida
Semeei dúvidas
Percorri onde achei fácil.

Sonho tremendo
Lágrimas esvaziada
Sangue encharcado
A dor amortecida

Não hesitei
Pela fogueira caminhei
Caminhadas longas
Ruas congeladas
Os sonhos esfriavam
Igual a um pássaro que não voa
Tremendo com um canto gago

Vagueando igual a preguiça
Coração sem asa
Alma sem calma
Corpo sem roupa
E livro sem capa
Injustiça, justa
Do morto, vivo
Na parvónia da sua desgraça.

*****

Por ser mulher
Priscila Rosa da Silva Belchior

Não é pelo olhar
Não é pela palavra
Nunca foi pelos actos
Nunca relevaram outros factos.
Fui condenada simplesmente por ser mulher
Trajada como a razão do prazer
Como a desgraça do homem "Coitado"
Que foi seduzido pela voz do pecado.
Não importa o quão voe, o quanto eu supere
Não muda o quanto eu lute, por mais que eu realize
Sou sempre apontada...Sentada no banco de trás, apreciando o
príncipe a salvar
Montado num cavalo a cavalgar.
Dizem que somos imperfeitos, revestidos de defeitos...Mal feitos!
Mas bem no fundo, desenham nos perfeição
Abusam da nossa submissão...
Querem que sejamos lindas maravilhosas, excelentes profissionais
Super mães e óptimas esposas
Que sejamos independentes, fogosas
Mulheres poderosas, sexy e sempre pronta!
Querem-nos educadas, óptimas companheiras e com psicológico de
dar inveja
Querem-nos passivas, com o sorrisão em dia e nunca cansada, okay!
Querem-nos máquinas idealizadas
Para cumprir suas fantasias irrealizadas.
Mas sabem que só não pilotamos o mundo
Porque investimos nosso poder
no vosso umbigo.
Não é por ser eu
Nem por seres tu
Sempre foi nós
Sempre foi por ter sido mulher.

Que alguém me ouça
Ivânia Martins Cossa

Sensação boa, sentimento de paz
É tudo o que não tenho
Gritos de socorro, clamando pela paz
Procurando apenas a felicidade.

Pago pelos erros dos outros
Minha saúde física e mental coloca-se em jogo
Meu corpo a mim não pertence
Sou um ganha-pão, escrava e com sentimentos
A procura da felicidade
Pago pelos erros dos outros.

Só as sagradas escrituras sabem o que o futuro me reserva
A morte por dentro ou o desaparecimento físico
Enquanto o dia for dia e Deus meu suporte
Vou rabiscando letras
Até em dias sem luar.

Espelho que inspira e reflecte alegria
Dias bons e maus tornam-se uma mistura de sentimentos
Raio deslumbrante, luzes do amor
Aconchego em noites frias.

Seu abraço alivia o coração
Com convicções e determinação
Dá tudo de si, pelos seus ideais
Suas lutas e batalhas reflectem-se em suas posses
O cordão umbilical faz-nos partilhar o mesmo sangue

Chora comigo
Valdimiro Amisse

Tristes e chorosos estão os meus olhos
Que já nem em mim vêm o infeliz reflexo
Outrora feliz, irradiava perplexo
O brilho do sol com um simples olhar
Que era para te amar.

Tristes e chorosos estão os meus olhos
Que nada temem, nada querem recear
A mágoa profunda que insiste em ficar
Trilho caminhos que em tempos desviei
Que agora percorro, para os quais voltei.

Tristes e chorosos estão os meus olhos
E por nada querem vir a secar
Por dentro a alma que fica a sangrar
Este sofrimento, tormento que não me quer largar,
Que continua, o meu corpo, coração... A abraçar!

Tristes e chorosos ainda estão os meus olhos,
E a noite com eles quer pernoitar,
Mas o mundo, não gira! Não há meio de acordar!
Que venha a luz do dia, é com ela que quero estar,
E a ti, meu amigo eu quero Amar.

Pois no Amor eu me irei consolar,
Seja ele qual for
Basta me aceitar.

*****

Tudo passa
Valdimiro Amisse

Todas as coisas na terra passam
Os dias de dificuldade passam
Passarão, também, os dias de amargura e solidão.

As dores e as lágrimas passarão
As frustrações que nos fazem chorar
Um dia passarão.

Os dias de tristeza, dias de felicidade
São lições necessárias que, na terra passam, deixando no espírito imortal,
As experiências acumuladas.

Se, hoje, para nós, é um desses dias,
Repleto de amargura, paremos um instante.
Elevemos o pensamento ao Alto
E busquemos a voz suave da Mãe amorosa,
A nos dizer carinhosamente: isto também passará.

E guardemos a certeza pelas próprias dificuldades já superadas
Que não há mal que dure para sempre,
Semelhante a enorme embarcação que, às vezes, parece que vai soçobrar diante das turbulências de gigantescas ondas.

Mas isso também passará porque Jesus está no leme desse Navio
E segue com o olhar sereno de quem guarda a certeza de que a Agitação faz parte do roteiro evolutivo da Humanidade
E que um dia também passará.

Ele sabe que a Terra chegará a porto seguro,
Porque essa é a sua destinação.

Assim, façamos a nossa parte o melhor que pudermos,

Sem esmorecimento e confiemos em Deus,
Aproveitando cada segundo, cada minuto que, por certo, também passará.

Tudo passa...
Exceto Deus,
Deus é o suficiente.

*****

A dor que sinto, mas nunca ta disse
Hélder Tsemba

Dialmente faz de mim um misantropo
Que se bate na vã luta sem escopo.
Oxalá tua alma, meu esforço, visse.

Se ao menos a poesia ela ouvisse
Que declamo com anelos do teu corpo
Negar-me-ia de beber o que há no copo?
Ou talvez, nem tampouco mo impedisse?

Sorrio pra ti e não o fazes pra mim.
Escrevo-te a canção, mas cantas com outro.
Meu coração sofrido, o teu é ameno.

Que injustiça de amor que cresce assim
Dor que dói e faz d'alma um espectro
Só a dor sabe o beber deste veneno.

*****

As gotas da torneira mal fechada
Hélder Tsemba

Caiem, caiem, caiem sobre o chão do meu retiro
E cada pingo soa-me como um tiro
Que bate, bate, bate na alma alada.

Da cozinha vem o cheiro de queimada
Com chamas envolvidas no nevoeiro
Da rua se ouve a sirene do bombeiro
De repente, a chancela é arrombada.

E eu tusso e tusso no meio das letras,
Sem deixar de rir do terrível pasmo
Dos salva-vidas, das vovós, da chama.

- Malditos poetas! Vós sois um sarcasmo
Diz o bombeiro. E eu digo com calma:
- Antes perderes vida que entusiasmo.

*****

Um dia desses desisto de esperanças
Hélder Tsemba

Espalho meus espólios pelos ventos,
Troco o sagrado por locais sebentos
E ponho-me a rir de tudo, das crenças.

Nos bares, farei brigas, desavenças
Bordéis aguardem a mim sem questionamentos
Pois que não quero mais são pensamentos
E a moral que me apreende com sentenças.

Às vezes penso que única é a vida
Se a minha o for, sinto-a já ferida,
Coxeando lentamente como lesma.

Mas, seja como for, hei-de fugir.
Se bem que dali a pouco, vou rugir
Porque quer lá quer cá morro na mesma.

*****

Filho da minha Pátria (África)
José Nginga

No leito de sua mãe foi retirado
Não vendo o brilho de seus irmãos
Para guerra foi enviado
Antes maltratado, cuspido e abandonado...

Balas atravessaram seu corpo, uma em cada lado,
Acobertando seu corpo imundo
Com balas que lhe foi transpassado.

Sua arma, sua fiel companheira
Calada estava, observando o sangue
Que cobria o timbre de sua farda,
De braços estendidos, Pernas sem forças
Chamava por alguém que enxugasse suas lágrimas.

Hoje é mais um militar esquecido
Alguém que os sonhos também foram alvejados
E hoje é visto como mero cidadão
Que vive traumatizado.

*****

Óh Mãe
José Nginga

Óh Mãe querida...
Fui cego demais,
Enganado por pessoas que diziam amar-me,
Mas tudo que tive é dor
E solidão amarga.

Óh Mãe...
Tudo que eu pensava
Ser amor perfeito foram palavras
Confundidas com defeito,
Defeito doentio
Que acobertava o ódio

Óh Mãe...
Como o mundo é lindo,
Perverso são os que nele habitam,
Fazendo florescer o ódio, as tristezas
E aquele sentimento frio.

Óh Mãe...
Me arrependo
Por não acatar seus sábios conselhos
E hoje me vejo a lacrimejar.

Óh Mãe...
Estou perdido
E sozinho neste mundo
Esquisito e de sofrimento.

Óh Mãe...
Sempre me disseste
O quanto algumas pessoas são perversas
Ao ponto de não conseguir manter em dia
Uma simples conversa.

Vida
Luis Nhanzilo

Em silêncio,
Veta-se o cadáver
Da noite,

A esperança despe o sutiã
Da alma e o mar vai contemplando seus seios nas fantasmagóricas
águas.

Enquanto os olhos felinos da saudade se abrem
As suas pernas se molham de fogo
Para desenharem um caminho que ande cada instante antes da morte.

*****

Antes de Deus
Luís Nhazilo

Enquanto uns dormem, retiro da anterior vírgula sobras de cadáveres espirituais em remanso,
Vou arrumando a cama de Deus.
O sol de Novembro continua entre os dentes do Senhor que vai à latrina a acender o cigarro para a chuva não cair.

 Diz-me o Senhor para não ser mais eu,
Tenho pressa.
Estendo-me no chão de outono e sinto o mar que me espreita,
Pelado,
Nas sarças da boca, logo que amanhecer, eu mudo esse Deus no meu poema.

*****

O Poema que matou a morte
Luís Nhazilo

Mais uma vez é a última partida na qual mo aviso; a dor que sinto não é um adeus, como foi da penúltima vez, aqui trata-se de uma rua dorsal onde as flores do purgatório descansam sua febre, aliás, continuo sombra dos ares onde se deitam os fardamentos do futuro poeta que, talvez, não saiba morrer.
Perdão pelas sucessivas mortes, meus irmãos; enterrem tudo fora do caixão, por favor. Obrigado!
Para quem tenha-se perdido no porão da memória, recapitulo:
Adiei-me em tanta morte por sentir muito pela minha mãe, ela é tudo que não conseguiria tapar suas próprias lágrimas com areia, mesmo com as mãos dela a limparem o caixão, de preto descorado, o sutiã; e a minha irmã Hortência a puxar-me o cadáver antes que lhe acabe a alma, mas é uma pena que me reste esta admiração, porque já devia ter morrido como os outros todos que era, desde o Judas ao tio Silvestre, o meu pai. Depois voltaria de novo ao jantar como se nada tivesse acontecido, para a celebração com os que nunca me amaram; estaria ali a brindar com eles enquanto contemplo a minha morte. Sou morto para eles todavia, no poema, não existe o terceiro dia, por isso escolhi ressuscitar a todo instante.

***

NOSSAS ESSÊNCIAS, OH ÁFRICA!
Franklim de Manguião.

Somos sua essência, oh África
Nossas identidades coincidem África
Nas veias carregamos teu sangue África
Somos africanos de ti, África.

Mãe nossa que nos pariu África
Herdamos seus valores e tradições África
Também suas raças e cores África
Maravilhoso continente nosso África.

Essência sua nos identifica África
Essência nossa te identifica África
Sua perfeição estonteante e riqueza imensa África
Orgulhamo-nos. Nossa terra África

*****

Virgo
Ericson Sembua

À Alima Momade

Um mar de entusiasmo é meu perfil,
Porém navegam nele só navios
De timidez repletos. Mas vazios
De lábia; de ousadia; e de alto ardil.

Há nesse mar donzelas [mais de mil]
Passando por meus lábios fugidios
Que, ingénuos, nem em altos assobios
Atraem a atenção mór feminil.

Jamais no amor eu tive a santa sorte,
Meu coração do azar herdou o cheiro
E então, donzela há que me suporte?

Darei meu beijo doce e derradeiro
Aos lábios frios e ávidos da morte,
Quiçá será também o meu primeiro.

*****

Miserrimus
Ericson Sembua

Ao Hélio Zyld Guerra

Ai! Dói-me ver a paz que me rejeita;
Passando a desfilar, à passos mil
Sobre o involucral de mim, febril,
Sem dar um só abraço qual receita.

Dos olhos meus a dor, já liquefeita,
Qual chuva cai e pousa em meu perfil,
E flui de lá ao gesto mais subtil;
E em todo meu semblante vil se deita.

Respiro fundo e tudo me asfixia;
E esvai-se então o vigor da minha paz;
E mais penetra em mim a hipocondria.

Mas rogo ao Céu que seja mais voraz
O estado meu, de chuva negra e fria,
Por ser para mim, o sol, bem mais mordaz.

*****

Liquidus Poesis
Ericson Sembua

À Eunice Amância Luís

Derrama, a esferográfica, por mim,
As gotas todas gordas do meu pranto,
Que ao pejo apenas deixo o negro canto,
Por ter meu canto um tom vocal ruim.

Derrama. E fluem, gotas tais, assim:
Expondo pseudorisos ao recanto;
Desvirginando a folha à choro tanto;
Tingindo as linhas ao teor carmim...

Mas trata-me essa gente por poeta,
Tal líquida poesia tendo extinta
A inteira e mísera alma minha, preta.

Não sou poeta, Apolo vos desminta!
Mas a varinha mágica [a caneta]
Tem minhas rubras lágrimas qual tinta.

*****

MAR DE LETRAS
Tony de Amurane

O Verão chega todo brilhante,
Transmitindo sua energia a todos.
O dia se adivinha bem quente.
Os olhos de alegria ficam iriados.
Numa atmosfera contagiante,
Todos acessórios de praia preparados.

O sol começa a aquecer o clima.
Sentado na minha sombrinha,
Contemplo a imensidão infinita do mar.
A praia está convidativa e calma,
A água começa a ficar quentinha.
Não consigo mais me segurar.

Mergulho neste mar de letras
Cheio de cardumes de caracteres
Muitos já no fundo dele jazem,
Muitos que outrora foram palavras
Palavras de sabedoria e de prazeres
Mais ao longe, novas palavras se fazem.

Continuo a deliciar-me nesta água,
Água, resultado de simbiose de letras
Compondo novos versos e sabores:
Letra mais letra, dando novos textos

O banho é incrivelmente bom
É como da pureza, sentir o som.
Mergulhar nestas águas é um dom,
Uma Dádiva que não quero perder.
Aqui há muito a explorar e aprender

Cada mergulho profundo me encanta
Encontro novos recifes e corais.
Quem aqui entra, seus males espanta
E quererá sempre mais e muito mais
Escrever é o meu cobertor no Inverno
Este mar de letras é minha água no inferno.

*****

Sombras dos Escombros
Tony de Amurane

Génios morrem nos escombros da pobreza,
Abutres salivam querendo mais morte,
A terra só dá o que é plantado.
Semeamos ignorância, esperamos riqueza.
Ninguém desperta para novas fontes,
Todo conhecimento parece parado.

A beleza feminina é ofuscada pela carência,
Máscaras que se tatuam em tons indeléveis,
Ninguém quer olhar aos rostos da falência.
São desgraçados demais para serem visíveis.

Todos dias conversam com a fome
Alegres porque acabaram lágrimas,
Lágrimas que a sobrevivência consome.
Seus campos são pastos sem plantas,
São horizontes de desertos infindos,
São espelhos da desgraça na terra refletida.

Seus olhos deixaram de ser coisas belas,
Já não espelham as lindas estrelas.
Perderam o brio luminescente.
Carregam a luz de uma vida triste

*****

O TEMPO VOA
Tony de Amurane

O tempo passa,
A pureza floresce
O véu do turvo evapora
Liberta a virtude do doce
O flamingo voa pelo mundo afora

O tempo passa…
O fruto cai
A verdade reina triunfante
A iluminação desperta a alma
A beleza fica toda colante

Verdades vêm dos escombros
Velejam pelos ares como gaivotas
Saídas dos mares tenebrosos
Semeiam suas virtudes nas áureas

Frustrações passam a bênçãos
Agradecemos o passado turbulento
Em infindas orações, juntamos as mãos
Louvando o senhor pelo sofrimento passado

Passa o tempo, a ferida sara
Ajudamos nossos inimigos do passado

Pedra do nosso sangue coagulado
O tempo passa, o obstáculo evapora.

*****

Ao meu eterno amor
Hélio Zildo M. Guerra,

Meu coração chove poesia
Na gota que cai
Há um sentimento que habita
Tão suave quanto a brisa
Do mar que nos envolve, amor.

Adoro a magia nela
Ardendo no alto como chama de uma vela
Rompendo ondas no mar agitado como um barco a vela
E pássaros deambulando pelo pomar.

Meu coração chove poesia no ar
Recalcando teu corpo esculpido
E na hora que cai
Há uma melodia suave, um toque do teu ser
Oma-et sem vírgula e cor, apenas cantando meteoritos.

*****

CONFISSÃO PRIMATA
Hélio Zildo M. Guerra

Às vezes no silêncio,
Entre o eco e o sussurrar da brisa amarga e robusta de mestria tristeza
Penso: se a morte me viesse buscar de forma inédita e sem segredos
Talvez livrar-me-ia desta maldita terra não minha, cheia de pobreza
Coberta de negro céu e sangue inocente dissipado em luas-de-sal de cada ausente.

Se ela viesse de mansinho e não melancólica
Despedir-me-ia dos quatro ventos dessa discórdia
Onde a anestesia da fala se brande na contrição
Em busca de horizontes na caligrafia do tempo
Esquecidas na mão de deus e colados ao coração.

*****

Um rio chamado África
Poeta sem nome Da-Xiba

Um rio chamado África
E uma casa chamada terra.
Na luta dos elefantes
Sofre o capim
Desistir é a saída dos fracos

Bravo é o guerrilheiro
Lutar é uma escolha
Vencer é uma necessidade
Ser duro é uma escolha
Ser forte é uma dádiva
Do coração.

Fugir é uma sabedoria
Cobardia é não saber
Que a sua fuga
Não é uma escolha sábia.
Sangue corre nas mãos
Chuva é esperança
Calor é forca
Passa sol, passa chuva. Nós vencemos
Um rio chamado África.

*****

Prazeres e bebidas
Poeta sem nome Da-Xiba

Bebo para esquecer a vida
Fumo para tirar o estarrece
Vivo para o volátil

Sobrevivo para servir o amanhã
Cada dia uma luta e cada luta, mais um dia
Amar-a-maria que eu amo
Sentido da vida, amor amarelo
Beberei-as-suas águas
Navegarei nas ondas dos seus cabelos
Viverei nos seus palácios

Julgar-nos-ão
No julgamento dos prazeres
Condenaram uma eternidade de paixões

Viverei cada dia para ver
Novamente o brilho do seu sorriso
Beberei para esquecer os prazeres de ontem

Fumarei para tirar a paixão de ontem
Cada dia uma paixão e cada paixão
Um dia.

*****

ETORITORI'AKA (Minha doce)
Esmeraldo Craveiro Lopes Boquisse

Largo-te as mãos
E guardo-te no coração,
Toco-te pela madrugada
Minha campainha, doce mulher,
Minha rainha amada.

Contorno pelas tuas ancas, meu berço da paixão
Perco-me em curvas do teu corpo e com amasso,
Entrego-me aos teus braços em câmara-lenta
Quero batucar os teus batuques
Expostos nas ondas cintilantes do teu corpo
E afogar-me no teu mar hipnotizante
Pelo canto entoado por teus lábios, minha pobre sereia.

Oh criatura!
Tu és etoritori'aka,
Minha Julieta
És a mwamwane'aka (és minha bebé)...
Esboço o teu rosto em papel branco
E ver-te anseio pintada em paredes,
O teu semblante orienta a minha direção.

Em Química, tu e eu somos uma reação
A nossa relação a Matemática enquadra numa equação
E apenas tu e eu conhecemos a certa resolução,
Pois tu és etoritori'aka.
Minha Julieta,
Minha mwamwane'aka (minha bebé).

*****

Bussola da verdade
Esmeraldo Craveiro Lopes Boquisse,

Noites perdidas a estudar as cinco letras.
Letras incumbidas na cachimónia antes raso,
Culminaram em vogais que findam em versos longos
E ditam a verdade dos factos, antes desconhecidos.

Caminhos escuros criados pela ignorância
Tubos furados por falta do "A" nas estruturas sociais,
O banco de escola abandonado por inimigos do "I",
Condicionam a escravidão das mentes humanas.
Que se firma oprimidas.

"E" enquanto peça da bússola que ilustra o caminho da verdade
Vincula os termos e princípios da Vida humana,
Revelando o fim do sofrimento.
É a força motriz das vogais estudadas debaixo das mangueiras
Lá nas E.P.C's.

Debaixo das árvores frondosas descobre-se a essência
Do "O" onde se deslumbra o poder do otimismo.
Onde se descobre o sentido da opressão, a raiz do mal.
Nada se alcança senão pela força das consoantes e vogais

Tardes abrilhantadas pelo som da leitura
O encontro do "U" simplesmente para unir as palavras,
Criar termos e expressar o sentimento sofrido nas palmatórias
Analfabetas.
As vogais e consoantes criam a bússola da verdade.
Elas libertam-nos da escravidão moral.

*****

Jovem, construtor da paz
Raúl Bila

Vieste de muito longe
Construíste a arca com Noé
O templo com Salomão
Atravessaste o mar com Moisés
Era paz e alegria que querias para teu povo.

Viveste debaixo da lei
Cumpriste com os mandamentos
Mas não sossegaste,
Mas não preenchias o vazio que te angustiava.

Construíste pontes
Torres e muralhas,
Foi com o corpo que te preocupavas
Era isso que tu protegias.

Hoje, construíste estradas
Abriste minas de ouro e petróleo
Levantaste arranha-céus, prédios e hotéis
Mas isso não basta!...

Construíste navios e comboios
Ergueste grandes empresas
Fabricaste carros e motas
Mas isso não basta!...

Cultivaste verdes campos
Variaste plantações,
Fabricaste bebidas frescas quentes e outras

Mas isso não basta!...

Hoje, movido pela ilusão da carne
Alimentas a tua vaidade e teus vícios,
Te embalas na luxuria e descores na gula
Alimentas a sensualidade, a nudez e a vergonha.
Andas em fornicação desmedida
Te dispersas no álcool sem refinação
Tua alma esta vazia,

Correste para acumular riquezas
Subtraindo e empobrecendo teu irmão
Abraçaste a ilusão fugaz e a sorte pérfida

Não vês tu
Não sentes tu
Que o espírito esta faminto
É o espírito que quer a paz
É o espírito que esta entristecido
Aquele que devias alimentar
Aquele que devias proteger
Aquele que devias alegrar

Assim como a semente morre para dar a vida
Vida nova.
Destrua os hábitos desmedidos
As vicissitudes da fortuna.
Extingue as iniquidades e os males aberrantes
Destrua a nudez desumanizante
As drogas alucinantes, vida vazia de esperança

Converta-te e abraça ardentemente
Abraça a forma venerada e penetrante de ser
Cubra-te do manto divino.
Construa como Deus te ensina
Construa edifícios do espírito
A sabedoria, a ciência, o entendimento, o perdão

A solidariedade, o temor á Deus

Homem pensa e ama
Teu corpo é fonte de valores
Teu corpo é caminho para o encontro com Deus

Onde há sofrimento, leva a alegria
Onde há angústia, leva a esperança
Onde a opressão, leva a liberdade
Destrua o egoísmo e ergue o altruísmo
Destruía a altivez e ergue a proximidade
Destruía a agressividade e ergue a serenidade.

Vá de casa em casa
De nação em nação
Vestir a verdadeira humanidade
Saciar com o verdadeiro alimento
Construir com as bases de Cristo
Construir na rocha que firma.

Vá, construtor da paz
Calar as armas dos que perderam sentido da existência
Dar alegria aos que selaram seus lábios
Dar alento aos que nada mais esperam e nada mais sabem querer
Suba as montanhas.
Atravessa rios e desertos,
Suba e desce.
O verdadeiro apóstolo morre pelas causas nobres.

*****

Hosana, aumentai a minha fé
Raúl Bila

Embora seja catedrático eclesiástico
Embora que tenha todos poderes
Mas sem fé, não sou nada
Apenas um vazio sem nome

Um pássaro solitário
Serei se não pedir a fé em meu senhor
Serei uma árvore estéril

Os meus olhos choram
Feitos fontes sedentos de fé
Prostrando-me entre as ruinas fumegantes.
Clamando: Hosana, aumentai a minha fé
Hosana dê-me a graça de ter fé.

Hosana aumentai a minha fé
Aumentai como a confiança e fé que pulsava no coração de Abraão
Quero vencer como Moisés venceu
Que pela fé abriu as águas do mar vermelho
Quero acreditar como Daniel acreditou
Que pela fé escapou nas bocas dos leões
Quero vencer…como Pedro venceu.

Hosana, aumentai a minha fé.

O grito silencioso
Raúl Bila

Silêncio total
Esvazia se o inferno
Todos os demónios estão na terra
Ouve se gritos num silêncio obscuro

A solidão consome as palavras
Oiço os gritos do silêncio
São gritos de crianças
Que perderam seus pais
São gritos de jovens e adultos
Que perderam seus progenitores

Gritos de silêncio
Gritos de *kokuanas*[1]
Que perderam suas *vananas*[2]
Que não mais verão seus *vatukulos*[3]

São gritos harmonizados
É o reflexo das armas laboratoriais
O poder das armas biológicas

São gritos do mundo inteiro
Gritos do planeta terra
São gritos dos *vatsonguanas*[4]
Que choram mães que já não são mães
Pais e famílias dizimadas pelo vírus…

Ensurdeceram se os ouvidos
Nenhum ruído
Inimigo invisível
Tiro no escuro
Tiro certeiro e silencioso.

São gritos de África

Que chora e lamenta sua vulnerabilidade
Pois sabe da grande fatalidade
Hósi[5]... revela-se

1-kokwanas --Idosos / velhos
2- vananas --Filhos(as)
3- vatukulos-- Netos
4- Vatsonguanas --Crianças
5- Hosi --Senhor/Altíssimo/Deus

Vai dar tudo Certo
Wankanganzau Gaflas Dakino,

Ainda há um Deus
Ainda existe brilho nos céus
Confirmo isso no evangelho de Mateus.

Faça apenas o correto
Ande em caminhos rectos
Confie no Cristo Ressurecto

Chamem isso de pandemias
Ou mesmo epidemias
Tudo foi profetizado por Jeremias

Vai dar tudo certo
Pois, Deus está por perto
Ajudando a travessia neste deserto.

E se estiveres doente
Te sentindo impotente
Sem razões para ficar contente.

Se tiveres que chorar
Decida também orar
Sem parar de adorar

Em meio a essa batalha
Em que a doença nos avacalha
Lembre-se: Deus não falha

Fale com o Deus do Concerto
Lhe diga que estás incerto
Verás que vai dar tudo certo.
■■■

Silêncio
Lorna Zita

Deixe o silêncio roer as paredes do tempo
Descongelar os segredos ocultos
Abrandar as dores, arrefecer as mágoas
Deixe!
Se ele conversar com a gruta
Invadir as profundezas do mar
Andar de mão dadas com o vento
Não incomode
Deixe!
Na hora certa ele virá
Se ele não vier
Deixe!
Pois, já respondeu
Porque o silêncio fala.
E o seu silêncio
É uma resposta.

*****

Identidade Africana
Lorna Zita

Sou Negra, pedra mais preciosa das savanas africanas
Minha pele, meu rosto, meus cabelos
Dizem quem sou e de onde venho
Sem ao menos ter dito uma palavra.

Carrego a minha África nas costas
Carrego em meus pés batidas frenéticas
Mistura de Marrabenta e Timbila.
Em meu corpo embrulho-me com a capulana
Mais colorida de todas as cores.

Minha identidade não se confunde
Da cabeça aos pés sou África
Leoa destemida que nunca perde a majestade
Sei perfeitamente quem eu sou
Sou negra!
Sou. África.

*****

ÉRAMOS AFRICANOS
Arlindo Zeferino

Éramos...
Deixamos de ser?
O que é que somos?
Africanos?
Qual a nossa identidade?
Africanizamos o que vem da Europa
E achamos que pertence a África
Éramos africanos
Éramos
Porque deixamos de ser?

Quando não amamos a cor da nossa pele,
Quando preferimos que o estrangeiro nos dá ao invés do nosso irmão africano,
Quando achamos que nossa cultura é bruxaria,
Quando detestamos o nosso cabelo,
Quando achamos que o estrangeiro tem mais inteligência que nós,
Quando vivemos como pedintes, quando na verdade temos tudo o quer pedimos,
Sim...
Éramos africanos...
Já não colocamos missanga[1]
Já não andamos de Cachilambo[2]
Já não usamos os nossos cortes de cabelo (africanamente falando)
Já não usamos os nossos cremes
Já não comemos mais com as mãos
Já não usamos o maíni[3]
Já não usamos os nossos londindi[4]
Já não usamos os nossos medicamentos naturais

Já chamamos de atrasados à quem tenta rebuscar as nossas tradições...

Sim
Éramos Africanos
Deixamos de ser o que éramos...

Agora?
Agora, o negro que cria cabelo é chamado de maluco ou bandido;
A mulher que usa tranças Africanas é chamada de atrasada;
Já não gostamos dos nossos nomes Africanos,
Porquê?
Dizem que são feios...
Enfim...
O africano a desprezar o próprio Africano;
O Africano a não amar o que é seu;
O Africano a enfeitiçar o próprio Africano...
Sim
Éramos Africanos.

1- Missanga: Cordão de pequenas peças redonda feita de madeira.
2- Cachilambo: Termo em Umbundo (uma das língua línguas regionais de Angola) que significa Biquíni; peça de vestuário que cobre as partes íntimas do corpo feita de pano.
3- Maíni: Termo em Umbundo (Uma das línguas regionais de Angola), que significa, leite da vaca.
4- Londindi: Termo em Umbundo (Uma das línguas regionais de Angola), que significa, sapato feito de Peneu de carro.

*****

CRIANÇAS ADULTOS
Arlindo Zeferino

Ouvem-se gritos nas praças
Ouvem-se gritos nas sanzalas
São crianças mal-amadas
Rumo a um futuro de lágrimas

Ouvem-se gritos nas almas
Ouvem-se gritos das zungas
São crianças meio humanas
Amando o que para nós são migalhas

Ouvem-se gritos de crianças
Ouvem-se canções de lágrimas
Ouvem-se crianças mal-amadas:

Ta aqui saco mó cota
Olha aqui água…
Olha o bolinho a passar.

Ouvem-se mais que palavras
Ouvem-se mais que mil vidas
Ouvem-se, adultos e crianças…

Foram fecundados, não engravidados
Foram paridos, não nascidos
Foram rejeitados, não acolhidos
Foram abortados, não cuidados.

Foram mortos, não vividos
Foram odiados, não valorizados
Foram castigados, não abençoados
Foram cuspidos, não olhados.

Mesmo sem pais foram nascidos

Mesmo sem mães foram recebidos
Recebidos com sofrimento neste mundo.

Foram crianças que tornaram-se adultos
Ou ainda são crianças com vidas de adultos
São tudo menos humanos, eles foram considerados.

*****

PACIÊNCIA PERDEU ESPERANÇA
Nério Cutana

Olha serena,
Atrás, ficaram os sonhos,
Nas salas das árvores,
As aulas ao relento.

Paciência caminha,
Com sede do frio da matina,
E nos pés descalços,
Calça matopes empoeirados.

Perde a esperança,
O português da matemática,
Na evolução do mundo,
Caderno ficou no tronco.

*****

AS MOEDAS DE MOEDA
Nério Cutana

No teu véu de lágrimas
Escondem-se as rugas da vida,
Do sofrimento e das feridas,
Secas ao sol do inverso

Caminhando nestas margens,
Ouço o grito do silêncio em desespero,
No desapego das vozes, que clamam de dor,
Em suaves cânticos das almas.

No planalto da espingarda que insurgiu-se,
E catanas que amam gente,
Faltam cinzas das moedas de moeda,
Nas mãos dos seus descendentes.

*****

18 + ZEZINHO
Nério Cutana

Zezinho, esfrega as mãos com cinzas,
Do caixote que outrora foi sua cama e cobertor,
Lava as mãos, com a água do esgoto,
Dos prédios com a fragrância do fajardo,

Na bancada das refeições da esquina,
Do bolso tira, as moedas da última esmola,
Se consola, pede e recebe, couve de 19!

Nas ruínas, 18 + Zezinho,
Tremem de febres altas, tosse e outros sintomas,
Ignoraram o apelo, fica em casa.

*****

Sobre os cabelos
Miraldo Meireles

Vou sentir saudades
Vou acordar e procurar e não mais estará lá.
Vou olhar para o espelho e ver que o meu companheiro não mais me protege,
Vou levantar a mão querendo o abraçar, e para onde fostes!

E vou levantar o rosto
Vou olhar para o céu
Cheia de estrelas ensolaradas
Com brisa sobre o meu rosto

E mesmo sem ele para bailar sobre o passar deste vento
Vejo que mudei e estou feliz
Porque sei que ao fim do dia naquele horizonte
Ele estará a minha espera
E juntos
Para sempre
Seremos felizes.

*****

O Coração do Anjinho
Miraldo Meireles

Pela caminhada de noite estrelada escutei
Som dos seus passos
Encantado com a sua voz
Seu silêncio me chamou
Em suas palavras me conquistou

Segui dona de pegadas
Deixava marcas em meu coração
Pelo corredor de alcatrão
A estrela com o seu nome
Fazia nascer uma paixão

Ganhei um anjo
Mais que um anjo
Um anjinho só para mim

Colo quente
Abraço aconchegante
Beijo picante

Coração sou
Apenas do meu anjinho
Que em mim fogo ateou
Possesso de chamas drogado deste amor
Meu mundo não mais lá estou.

Não sei mais ficar distante
Não quero mais que fiques distante
Quero estar onde eu possa te ver
Porque sei que poderás me ver
Para te amar e te beijar até que o sol
Em crepúsculo engula o horizonte.

Meu turbante
Matilde Cátia Vasco Chabana

Cobre o céu da minha cabeça
Perfaz meu delírio
Feminino que jaz de prazer...

Me deixa mais mulher
Mais Moçambique
Mais África.

Rasga as mentiras da beleza
De menina à princesa
Me deixa uma bela donzela.

Meu Turbante
Minha coroa de diamantes
Minha doce identidade

Vou-me embebedar
Nas cores e tecidos
Porque quero me turbantar.

Ao som das canções da Mingas
Turbanto-me em labirinto
Como o Niketche da Chiziane,
Incorporo-lhe a melodia da Timbila Muzimba,
E dançam os dedos que o enrolam.

Turbanto-me sensual
Hoje, amanhã e sempre,
Meu Turbante, Minha África!

*****

Kanda Yetu África
Matilde Cátia Vasco Chabana

África!
Te carrego nos tambores que rufam
Pele negra camuflada pela enxada
Livres da escravidão
Vozes do Índico rumam
Às contendas abraçadas
No beijo dos pássaros
Só teu amor conhece a capulana!

Oh! Minha África,
Berço dos engajados
Rasgam-se selvas esfervilhadas
Ventos leves conspiram
No grito da savana
Se escondem espíritos
Defensores teus oh! Minha pátria!

Africaaaaa! Oh, Africaaaaa!
Calam-se em ti segredos
Olhos altivos cospem enredos
Tribos e raças se enlouquecem no teu verde paladar
Teus mistérios perpétuos
Não se vão desvendar.
África, onde tu te escondes?

*****

AQUELA CRIANÇA
Adão Paia

Aquela criança
Dos ritmos da mbira e da timbila
Essa sou eu...
A menina do xigubo
Da ngalanga e do Mapiko
Aquela vestida de poesia
Cheia de sorriso mesmo com os olhos violados
Aquela criança de sempre
Nascida na terra da marrabenta e do Pandza
Essa sou...
Meu paraíso de tristeza
Minha alma das profundezas
Seja por engano ou não,
Essa é a leveza da dureza
Minha inocência sem safadeza
Pureza da impureza.

*****

O ENDURECER DA VIDA
Adão Paia

A vida endurece e amadurece
Sem se quer ouvir ou vê lá, ela estremece e nos aquece.
Sentado ouvindo as ondas do mar, o poeta perguntara!
Onde estão os ouvidos daqueles que podem ouvir com lentes os aplausos do tempo?
A vida endurece e adormece
Se ela quiser, até nos esquece
Ham! Se for para ver a vida,
Ninguém mais olharia o mundo com os mesmos olhos
Aliás, até o romance do Romeu e Julieta, foi somente um conto de fadas
Vá à foda vida!
Cansei de ouvir os gemidos e os choros da incerteza
Talvez seja uma vez... Oh! Se não for à última vez, nem tão pouco irei enfiar a minha fé lentamente
A vida tem os seus gritos
Ela, vai nos regando de etapas e tapas
Enquanto houver desgraça, seremos sempre adeptos de um ateliê sem roupa e sem pintura.

*****

APETECE-ME VOLTAR AO VENTRE
Adão Paia

Não me olhe de forma crua,
Depois de me teres dito o dito.
Não me faças abraços,
Depois de ter-me feito gelar sabores e saberes.
Não me digas que me amas,
Porque congelei afectos
e o coração se transformou em museu.
Sou espinho da dita rosa,
Cicatriz do passado,
Cilindro do vidro.
Olhar bandido...
Sou ódio de quem sabe esvaziar euforia e simpatia.
Já vai tarde!
Sem perguntar nem aglutinar...
Risos são risos,
Sorrisos são sorrisos,
Medos são medos,
Lágrimas são lágrimas,
E começo sempre será começo.
Ah! Conheço o começo...!
Não me estremeço do sangue feito voz, nem do rio coberto de papel.
Eterno é o sacrifício
que faz o coração encher o olhar de vibração.

*****

Dormes e eles matam-te
Lizete sitoe

Dormes e eles matam-te
Sonhas e não acordas
Num mundo obscuro, sem horizontes sem paz
Porque te deitas nessa dor?
Suas lágrimas precisam descansar, Roupas húmidas e molhadas de suor.

Dormes e eles matam-te
Tu nem sabes da cacimba que faz lá fora!
Deitam-te de esperanças e fazes-te de barro;
Tu nem vens, tu nem vais...

Durma, durma bem mas não te chores,
Não te chores das dores da corrupção, do vendaval, da negritude, dos terremotos, das virgens, dos bárbaros, da burocracia, dos crentes fanáticos, dos contratualistas, da morte e da vida...

Não te chores, por quê choras?

*****

Queria ser você
Lizete sitoe

Queria ser você que tem um sorriso único,
Que não tem de que se preocupar,
Sua vida vai bem e você anda suave...

Queria ser você que de noite dorme
Enquanto eu choro da minha desgraça,
Que de manhã contempla o sol
E eu repenso no que comer e se alguém poderá me socorrer com uma migalha.

Queria ser alguém como você
Que tem oque comer,
Contudo, chega final de semana e tem o que fazer.
Queria ser você, oficialmente você!

Que tem mantas fortes e ainda um lugar para dormir,
Que talvez seja feliz!
Com tanta moeda que compra pão
E uma amiga clássica e um colega pintor.

Queria poder estudar e ser um funcionário público,
É tão difícil trabalhar sem saber escrever.
Queria ser você, oficialmente você!

Poder ter um pai que me desse mesada,
Um irmão que tivesse uma bola,
Um vídeo game e tudo oque você gosta.
Sim, aquilo de que você gosta,
Que possivelmente, eu nunca terei.

MONTE PERTO DO CÉU
Maria Manuel Menezes

Um Beija - Flor Malaquite
Tão azul...Será que é verde?
Perto do céu na montanha nevada
Bebe água pura pela alvorada.

Uma girafa come com arte
Frutos da árvore entre finos picos,
Molda os beiços moles em bicos
Dançando um pescoço longo elástico.

Na floresta gelada elefantes,
Búfalos e javalis na erva;
No solo magma expelidos minerais
Do solo frio também dos servias.

Servais às pintas de orelha bicuda
Saltam manhosos na montanha,
Assustam macacos de pelo e cabelos
Que correm ao vento na floresta dos gelos.

Nas savanas capotas e chitas
Campeãs de salto em comprimento -
Zebras, rinocerontes e elefantes,
Procuram água... Como antes!

Não sabem que o Monte sofre,
Não sabem do glaciar que se perde,
Nem sabem do vôo dos abutres necrófagos,
Nem da gente secular no sopé dos lagos.

UMA ESTRADA PARA A PAZ
Maria Manuel Menezes

Na fúria dos homens
No recôndito de um segredo
Há uma estrada para a paz.
Na ponta da fúria
No confim dos excessos
No extremo da raiva
Cheirando o ódio no ar,
Há uma estrada para a paz.

No meio de nós
Nas batalhas de dentro para dentro
Em qualquer tempo em qualquer lugar
Há uma estrada para a paz.

Conciliar o cérebro a bom espírito,
Retomar sã emoção, equilíbrio,
Limites sem excessos,
Uma estrada para a paz!

*****

A COR DO MUNDO
Maria Manuel Menezes

Se vejo "o mundo em rosa"
Não quero saber porque vês o mundo sombrio
Ou porque usas óculos escuros,
Tornando - o mais sombrio numa desilusão de óptica.
... "Usas óculos de lentes cor- de rosa..."
Se vejo o mundo em rosa, privilegiada sou!
Sei,
Que no frio da montanha surgirá um fogo solidário onde me abrigar,
Que beberei na folha água da chuva a escorrer pura,
Que um esquilo na mata me observará a colher frutos,
Que o serralheiro não derrubará uma árvore centenária.
Sei,
Que verei nas praias peixes enérgicos sem tóxicos,
Que na cidade o céu não será cinzento de fumos,
Que o olhar do famélico dentro do contentor onde ponho o lixo
Ainda tem um sentimento que não é ódio!
E porque vejo o mundo em rosa,
Acredito em ti que me lês:
Farás a diferença em pequenos actos
Porque amas alguém no mundo,
Para que os que te seguem, não verem o mundo cinzento.

*****

O miúdo da rua
Larson Da Piedade Bento Fernando

Acolhido pelas ruas
Abraçado pela solidão
Faço do relento o meu teto
Conservando a pureza do coração

Deambulo pelas ruas da cidade
Estendendo as mãos
As vezes recebo pão
Outras, só a indiferença

Sou discriminado por viver na rua
Maltratado por andar maltrapilho
Fedorento
Mas ninguém se importa
Ninguém me acolhe
Uns fingem não me ver
Outros dão-me uma moedinha
Quando na verdade
Tudo que eu quero é um abraço

Exposto a todo perigo
Faço da solidão o meu amigo
E da esperança moribunda o meu baluarte
De algum dia vingar os meus sonhos

Este sou eu!

*****

Há sempre um caminho
Larson Da Piedade Bento Fernando

Se não podes ser a luz da sabedoria
Sê uma pequena fagulha de conhecimento
Se não podes ser a alegria
Sê ao menos o solo fértil sobre o qual brotará

Se não poderes chegar ao destino
Curta ao menos a viagem
Contemplando o caminho
Não deixe de saborear cada paragem
Suas lições
Contradições
Angústias
Esperanças

Se não houver mais oportunidades
Revista-se de intrepidez
E crie-as com tua inventividade

Há sempre um caminho
Que se vislumbra no horizonte da esperança
Ainda que fores sozinho
Vale a pena continuar.

*****

Eu sou o amor
Larson Da Piedade Bento Fernando

Sem me aperceber
Chegou de mansinho
Me conquistou devagarinho
E sussurrou nos meus ouvidos
Eu sou o amor!

*****

Amarra capulana mulher
Osório Herno Feliciano Vilanculos

Amarra capulana mulher
Embala o seu belíssimo corpo
Que se torna ascendente
Nos sublimes olhos esplêndidos
Os corações se apaixonam fingidos
Nos sentimentos que ardem
E debruçam as singelas palavras
Silenciadas nas dispersas trevas
Oh! E embala as ancas extraordinárias
Misturadas nas noites imaginárias
Ao exibir das missangas nas madrugadas
Despertam sentimentos
Adormecidos agrestes sofrimentos
Nas cerimónias fúnebres
Sem se despertarem luares
 Amarra capulana mulher
Admiradas são as viúvas ao relento
Que prevalecem mergulhadas nas angústias
E enxugam lágrimas nas astúcias
Dos semblantes que se encontram em desalento
No silêncio
Os homens contemplam a beleza nas passarelas
Exibidas nos campos das estrelas
Ao balançar a catedral do seu corpo
Que permanece no vaguear das noites prazerosas
Exibe a sua moçambicanidade
Que contemplada é a belezura da sua africanidade
E enxuga as súplicas das angústias
Decaídas em lágrimas nas astúcias.

No meu tempo
Dalton Alfândega

O dinheiro era só um papel
A nota era apenas um número
O valor não se média
E o respeito não tinha número

A boca falava menos
No adulto não se apontava o dedo
Aquém se lembra!
Ninguém apontava ao cemitério
Era tudo perfeito

Saco no corpo
Agitava os gritos ao pôr-do-sol
Correrias e gritarias ao redor
Na família havia amor

Era uma moeda uma festa
A escola era um lugar de consolo

É bom ter um avô
As noites viravam histórias
Histórias que se perdia no sono

Hum!
A união tinha força
Era *mbava-mbva* sem demora
Rodeávamos as brincadeiras em encantos
Ninguém faltava a escola.
*****

I'm soldier
Dalton Alfândega

Já nasci soldado formado no ventre da minha mãe.
Assim como toda essa gente
Sempre escolhemos a boa arma pra tirar a vida,
Boa arma pra tirar a tristeza,
Uma boa bomba para espalhar fofoca,
Um silenciador para espalhar mentiras.

I'm soldier
Nasci soldado como toda essa gente.
Que acredita numa paz que guerrilha nos olhos e na alma.
Acredita na mentira que na verdade,
Que aceita perder pra todos e puxar a sua parte

I'm Soldier
Deus conhece melhor minhas batalhas
As pessoas estão sempre atentos nas minhas falhas
Vida de batota, cada soldado com sua zona de batalha

Luto igual a eles, atrás de riquezas que empobrece,
Atrás da vitória que ninguém vence,
Soldados formados no ventre
Com todas artes mortíferas que finge que não entende.
Sou um soldado verdadeiro, que só a boca pode-me tirar a farda.

*****

O desamor
Dalton Alfândega

As lágrimas falam o que o coração sente
Ouvi dizer que quem ama luta.
Mas eles não viram as minhas cicatrizes,
Infelizmente!

O que congela dentro do meu corpo não é o coração.
É a própria confiança,
Voltei a amar mas sem esperança.

Mulher!
Teu som sempre é fundo
Tudo que fazes, entrego o meu mundo
Surdo até sou, para não estragar tudo
Mudo me torno para os gestos falarem por mim

Como poderia amar?
O espelho chinês tem sempre o mesmo reflexo
Não vejo a originalidade do amor

Luto, sonho e corro, mas tu não vê o esforço
Somente posso crescer de novo.

E valorizar o meu amor
Por ti,
Valeu o esforço, mas já não posso.

*****

Vinte anos
Gerónimo Daniel Mabote

Daqui a vinte anos sonhos transcenderão
Desatinados em palavras estampadas em papel imprenso,
Atiçadas eloquentemente pela força do cupido,
Proclamando aos quatro ventos um amor imenso.

Em vinte anos toda a lágrima se terá afogado
Na fartura das brasas desse amor intenso
Nas cavernosas fragas do nosso já tenro peito

Daqui a vinte anos, sonhos serão a realidade
De uma história esculpida por frementes mãos
Acalentadas pelas encandecestes brasas da idade

Silenciosamente assentadas no vislumbro da ansiedade
Pois hoje é o dia, o dia da nossa herdade
Moldada pela imensurável força de nosso coração.

*****

Verdades Ocultas
Leide Tila

Nós vemos
Vemos doações que não chegam até nós, só para enganar nossos corações...
Sim nós vemos!
Vemos o índice de crescimento de apoio do governo ao povo tudo isso pela TV...
Sim nós vemos!
Vemos os nossos deputados coleccionando carros em suas garagens, enquanto o povo sofre nas paragens...
Sim nós vemos!
Vemos nossos líderes reunidos falando do desenvolvimento da economia, enquanto isso, o povo nem se quer comia...
Sim nós vemos!
Vemos grandes empréstimos para edificação de escolas e hospitais mas nenhuma destas obras foram vistas nestes locais...
Sim nós vemos!
Vemos gabinete de combate a corrupção entrando em acção mas os verdadeiros corruptos nunca entraram na prisão...
Sim nós vemos!
Vemos departamento de protecção a flora, quando os maiores abatedores de árvores não são de departamentos de fora...
Sim nós vemos!
Vemos o combate a caça furtiva, mas pra quem tem posses isto se oficializa...
Sim nós vemos!
Vemos o Ministério das Finanças há anos fazendo poupanças dando ao povo um salário magro, enchendo seus bolsos de herança, é nestes que depositamos nossa fé e confiança...

Sim nós vemos!
Vemos nossos líderes dizendo que Cahora Bassa é nossa enquanto pagamos até pela energia para erguer a bandeira que é nossa…
Sim nós vemos
Não somos cegos
Apenas nos calamos mas vemos.

*****

A pobreza chegou e fez-me sua preza
Leide Tila

Pobre, é assim como me chama o nobre
Em contrapartida, coloco os meus joelhos no chão só para receber uma migalha de feijão.
Opressão!
País onde camponeses são extorquidos sem ganhar um tostão.
Alimentação!
Com a esperança de na mesa colocar o pão
Muito cedo aprendi a arte da emancipação
Porque o meu país fez uma aliança
Hoje vivo desesperança
Quando ontem a esperança era o sorriso de uma criança
Hoje este sorriso fica somente na lembrança
Enquanto uns vivem bonança
Outros são decapitados aos olhos de suas crianças
Mansas crianças laçam vingança
                        Absorvem a esperança libertam a brutidão
Não dão nenhuma atenção a estas flores
Pela ambição seus governantes colocaram-nas a condenação
De volta a escravidão
Aquela que outrora tinha recebido a libertação
Aquela que meus pais tinham dito não!
Por meu próprio sangue fui traída
Minha pátria amada vendida
Exploram-me o petrólco
Exploram-me o gás
Ainda metem uma bala na cabeça de meus pais
Apesar da independência ainda clamamos por paz
Ergamos uma bandeira branca, ficas ou vais?

Amor resiliente
Lorna Telma Zita

Já não te sinto,
Onde foi parar aquele fogo, que incendiava a nossa paixão?
Nem pareces aquele lobo faminto,
Que devorava o meu corpo sem compaixão.

Olho-te nos olhos e na alma,
E por incrível que pareça não perco a calma.
Permaneço intacta embora resfriada,
Apagou-se o fogo e não mais estou viciada.

Se assim o fazes para eu desistir?
Devo dizer-te que vou insistir.
Não te deixarei partir.

Vou desobedecer a sua vontade.
Suportarei os seus gritos e o seu mal humor.
Lutarei contra todos e tudo, acalmarei essa tempestade,
Que apoquenta o nosso amor.
Farei isso! Unicamente em nome do nosso amor!

*****

Mulher
Lorna Telma Zita

Tu és a seiva de toda nação
És a semente que brota a existência humana
Sem ti, o mundo perde o brilho

Mulher és símbolo de luz e esperança
Em ti não brotam só vidas, brotam sonhos

Não importa a sua cor, não importa sua crença
Não importa se estas no campo descalça ou na cidade de salto alto
Mereces ser amada, valorizada, respeitada
Na mesma proporção, pois, tu és fonte de amor e calor

Mulher, tu és guerreira por natureza
Sobrevivente de incansáveis lutas
Que a sua voz nunca se cale.

Que sejas lembrada todos os dias
Não apenas nessas datas, mas pelo valor que representas
Nunca te canses de amar, e educar

Mulher, tu és força da nação
E sempre que te faltarem forças lembre-se
Que tu és mulher, tu és fortaleza, fonte inesgotável do saber
E sem ti o mundo perde brilho.

*****

Há que respeitar
Lorna Telma Zita

Quando tudo der errado
Quando ao invés de amor só traz dor

                Há que respeitar o tempo
                O silêncio.

Deixar partir o que sufoca o coração
Fechar os ciclos
Desamarrar os laços
         E recomeçar
            Milésimas vezes que for necessário.

*****

O VERDADEIRO AMOR DA TUA VIDA
João Chico António Santos

Não é aquele que te enche de beijos
Para satisfazer os seus desejos
Nem te enche de adjectivos
Para alcançar os seus objectivos.

Não diz que sem ti não vive
Mas sim à tua alma reavive
Esconde e lima o teu defeito
Para que o mundo te ache perfeito.

É aquele que vela pela tua alma
E te defende mesmo sem arma
É a outra metade da tua vida
Que também sente a dor da tua ferida.

Ama os teus parentes
E os ajuda quando estiverem carentes
Não só contigo se importa
Mas também a tua família suporta

*****

O LIVRO
João Chico António Santos

Podes ter um formato pobre
Seja físico ou electrónico
Com conteúdo sagrado ou platónico
Mas não deixarás de ser nobre.

És amigo do pobre e do rico
Do João-ninguém e do político
Te encontro nos liceus
Mas também estás nos céus.

Ultrapassado ou da actualidade
Tu és mais fiel que a oralidade
Possuis informação e ensinamento
Quem não te ama, lamento.

*****

FACEBOOK
João Chico António Santos

És o rei das redes sociais
Quebraste as fronteiras internacionais
Protocolaste o público às estrelas
Aquelas que só se vê nas telas.

És a sala da liberdade de expressão
Em ti, uns até perdem a educação
Outros tiveram processos judiciais
Mal usadas, as redes sociais podem ser prejudiciais.

Em ti, uns se informam e aprendem
Outros simplesmente se ofendem
Uns fazem as suas publicidades
Outros expõem as suas intimidades.

Também és um meio de transporte
Em ti se passeia
E também se visita a vida alheia
Fazendo-nos perder noite após noite.

*****

Mau dia para ser um bom poeta
Hilton Fortuna Daniel

Hoje eu tentei ser um bom poeta
Ansiei despertar um bom verso
Mas as letras com as quais converso
Segredam-me... Não vale a pena!

Saem-me poemas, mas Sem poesia!
E nesta jornada inglória e vã, fracasso
Mas, tendo-me esgueirado num bagaço
Purifico a frase certa, mas sem melodia

Então escrevo da direita para a esquerda
E sai apenas um verso que me herda
Envergonhando Virgílio e Neruda
Hoje um mau dia pra ser um bom poeta

*****

Palavras ao vento
Hilton Fortuna Daniel

Há ventos e palavras
Na resistência de velhos mármores
Que ventam em estradas já desbotadas
Fazendo dançar ondas e árvores

E as horas esvoaçam num segundo
E as palavras da noite que amiúda
Sopram todos os sonhos do mundo
O vento por entre os fios de chuva
Vindo trazer sempre do Além
Palavras que já foram de alguém

Trá-las como se tivessem sido sempre minhas
Para amanhã as levar a outras vidas
Deixando-me só, com sopros de alento
A escrevinhar palavras ao vento.

*****

Rio
Hilton Fortuna Daniel

No viver – ou ao amar
Ou mesmo quando sono intervala
Quando me salga o rosto um mar
Entre os silêncios do lago
   Sempre rio!

*****

Cristalina
Fernando Paciencia Luteiro Palaia

Simplesmente agradeça,
Agradeça pela violência com que o sol rasga os céus em cada aurora

Assista espectáculo gratuito que a natureza lhe oferece
Desde o cantar de uma ave, o germinar de uma flor

Aprenda a contemplar simplicidade,
Com que as crianças dançam a volta da fogueira ao som do tambor

Deixa-te embriagar com o cheiro da terra molhada cada vez que chover

Ame sem medo de perder
Abrace como se fosses despedir
E aprenda a despedir-se sem ter que partir.

*****

Lágrima na garganta
Fernando Paciência Luteiro Palaia

Alô tristeza ligo te a partir da república da alma
Para lhe informar que este sorriso estampado em meus lábios é uma apenas falácia.

Pois, estou cansado e queria contar-lhe que há uma lágrima presa na minha garganta.

Há uma lágrima presa na minha garganta!
Que não quer se calar quando apalpo a madrugada...
Juro mesmo há uma lágrima presa em mim
Se tens dúvida pergunte as almofadas...

E explicar-te-ão as noites em que andei com o vazio de mãos dadas.

Há uma lágrima presa na minha garganta!
Gostaria de oculta-la em um falso sorriso
Para não poder imprimir a resma de tristeza de sinto...

Há uma lágrima oculta em cada promessa
Que nós fazíamos debaixo daquele lençol
Das vezes em que juraste estar comigo cada vez que nascesse o sol

E agora?
Agora só o tempo sabe o paradeiro das nossas juras de amor
Há uma lágrima debaixo da minha garganta
Que de vez em quando me vem visitar a alma

É uma simbiose entre tempestade e calma
Ocultado nos gritos desse silêncio cuja voz é o teu nome que chama.

O CÃO E O PORTÃO
Luciano Canhanga

Levado pelo medo
Da bandidagem em crescimento
Dundão apontou no portão:
Cuidado com o cão!
- Cão mudo, mudo cão!
Gozou a rapaziada de então
Sem comida, sem patrão,
Dundão ficou-se pela placa no portão.
- Cuidado com o cão!
Com vida de cão, é p'ra ter cão?!
Atenciosamente,

*****

I
Ailton Bento Fernandes

à noite
escurece como uma criança
devagar. nos seus beiços
p/ expulsar sóis até os campos
nas telas da nossa meninice.
enfiada na língua do papagaio. a
traçar memórias com os pés
enquanto expomos às mãos
(sob a democracia dos rios)
a brincar de medos e de ausências:
o tempo não cabe no meu pulso,
como cabem as flores no meu peito.
este grito seco e morno é cheio de cores...
odores. o tempo não cabe no meu pulso,
como? cabe no ventre dela tanta luz. fim!

*****

II
Ailton Bento Fernandes

nos degraus que compõem a noite
me fiz. já sou o que sempre fui
um homem: em estado puro de interrogação.
essa noite que trago nas costas, é um som
nevoeiro e alegre, qual sol de abril
nesse peito aberto de dentro. búzios.
nasce um silêncio cru das minhas mãos
silêncio amarelo. alegre. desgastado
quando ainda sou. o passado me acompanha,
mesmo quando já não desejo ser. o futuro é agora!

*****

III
Ailton Bento Fernandes

Quando ela disse que o mar faz milagres
o ar engoliu o sabor do sopro dela,
deitados. nos cobrimos de mar
e a água nos cobria do mundo.
abri o peito dela.
- o meu peito é comprido.
tirei os dedos e comecei a escrever...
era uma crónica sem tempo, no meio do mar.
ela voltou a dizer que o mar faz milagres
- me fiz de nada.
dei-lhe o mar e ela acreditou que o mar faz milagres
então, remamos até o mar nascer. dentro dela
desaguava o mar.

*****

Papos de Salomão
Pedro Fernandes Bunga

Volúpia maravilha que flana
Esse olhar musculoso de anseio
Venéreo e venenoso de vaticínio
Sobre a cobiça de zerar-te a pena
Que te acobertam os soberbos mamilos
Aos quais me ambiciono em tocar
Músicas eróticas e salmar
Salmos erógenos e o oscilar
Sobre o fundo do eixo e galgar
Com quietude e boscarejo
Sub pele de urso e sem trajo

Gloriosa arte dos deuses
Dançam-te os cabelos no rosto e outras partes
O vento desbarata-te as maravilhas
Camufladas pela farda atrevida
Que desproposita o agradável panorama
De aliciar-me a percepção
Situando-me a mioleira em convulsão

Oh, musa mãe dramaturga
Diva da ilusão erótica e sedução
Signo sólido da poesia e da paixão
Sem papos e sem escreveduras
Encantas e cantas poemas
Despes-me a alma e o coração
Hipnotizas a minha assídua razão
Colocas-me em estado de inconsciência
Ironicamente perco a noção

GÊNESIS DA VIRILHA APOCALÍPTICA
Luís Kapemba

Mais de mil milhões de
enxurradas e savanas
augurando sinopses
embutidas nos colhões
das densas almas dilaceradas

eis entre nós o sádico império
pelo mesocefáliteio escoltado

vem a brisa e a barriga repulsa
[no] limbo de estômago preto

*****

RIO DE PEDRA
Luís Kapemba

É a raiz mimando o ramo
neste espelho de novo o velho
humanidade berço em quadro
pintado.

Berço é loto seco afrodisíaco
humanidade é ALTRUÍSMO TURÍSTICO
e espelho. espelho é rusga lúdica,
quimera de embrião na ru(s)ga.

Longa perna figura o rio
desconhecido caminho nu

*****

Alma
Rufina Helena Matamba Lucamba

Alma
Numa terra cocha,
A alma serve-se de lama.
Em frente dela, retraem-se Dolo,
Gemendo contusões Plausíveis,
e configurando-se n´alma.

Nos afazeres da vida,
A alma, sente cheiro de lágrimas.
Reprime para o além as agustias,
E celebra no interior as alegrias.

Na escuta,
A alma destila,
centelhas de lembranças:
doloridas,
Coloridas,
Floridas,
Sem desatar à performance
Ela sobrevive de cheiros!

*****

Terço d'Ave
Rufina Helena Matamba Lucamba

Ao espreguiçar o esquerdino
a ave, abateu cinco nervos.
Ao menear a direita a cheia,
Endireitou os nervos em círculos.
E o ser acolheu dez ave para meditação.

A ave sobrevoou nas avenidas
Do mistério azul
e disparou a direita da cheia,
e a esquerda d'Ave raiou!

Os incrédulos lançaram-se
E foram deixados à direita
Gritando afónicos.
Saúdo-te ó ave!
Saúdo-te ó cheia!
Saúdo-te ó graça!
E todos desabrocharam à graça.

*****

BANDEIRAS MINHAS
Maria Manuel Godinho Azancot de Menezes

Uma, duas ou mais bandeiras...
no peito trançadas braçadeiras.
Bandeiras são aprendizado e escola,
carinho e escolha,
aluno e mestre,
crédito e espera também agreste.
Bandeiras confiam perdão,
são orgulho e consagração,
voam ao vento
saudando o tormento,
plantam louvores
em diferentes cores,
oram na terra
do humano que erra.
Uma, duas ou mais bandeiras...
no peito trançadas braçadeiras!
São uma só bandeira na haste
que após um dia honrado, eu elevei, tu elevaste.

*****

IRONIA SELVAGEM
Ntony Kunsevi

Uma rata em cio
Alimenta-se de
Cobra furiosa
Qual
Um pilão
Penetra violentamente
O almofariz

*****

Eu sou
Rosa Armando Nuvunga

Eu sou
Sou tempestade em um copo de mágoas
Um vulcão activo de palavras seladas
Dadas, duras e configuradas
Sou asteróide colidindo com o fim desta jornada
Prezada, pesada e achada
Sou um campo de "manisfesta a acção" bem planejada
Precisa, concisa e bem freada

Sou um grito de liberdade desesperada
Sofrida, amedrontada mas acomodada
Sou uma catástrofe de sonhos exacerbados
Grandes, densos e mal posicionados
Sou o início do meio e fim de começo

Sou um conjunto de dados mal calculados
Sou primavera sem flores
Cores, cortes e dores
Sou um branco no cinzento

Amarfanhado, encurralado e enraizado
Sou caos silencioso da noite insegura
Plena, doce ou amarga.
Sou uma mistura de desejos
Bem sonhados, animados e carismáticos
Sou poeta que escreve poesia
Energizada, desorganizada mas conservada
Sou…sou?
Sou o que quero ser

De bem, de mal ou de nada

Meu escuro
Rosa Armando Nuvunga

Meu escuro
O verde é branco
A laranja é tangerina
No meu escuro não há choro.
Aqui no meu escuro, não se reflete a luz do dia
Dança, canta doce menina

No meu escuro "ódio" é um insulto.
Amor é paz.
Salta, canta meu rapaz.
Lembro-me bem do teu sorriso.
O meu escuro é meu escudo
Paz é paz, amor e ódio são rivais.

O meu escuro é monárquico
Os meus pensamentos são Rei e Rainha.
Estive na luz por uns instantes.
Três, quatro, cinco talvez.
Lá a Laranja é redonda.
O amor se vende e se cobra.
Cliques eternos de mentes vazias.

No meu escuro há paz
Se não se fez, agora se faz.
Votos de alegria, que reine sempre a paz.
Doce menina beija o rapaz
E o que são palavras no reino das atitudes?

BUSCO-TE!
Osvaldo de Sá

Busco-te, Lina, como algum cristão
Busca na crença o Deus que tanto adora;
Busco-te como aquele que explora
As pérolas da Bíblia e do alcorão.

Busco-te, como busca o Rei Leão
A presa que selvático devora!
Busco-te como a mão branca opressora
Busca da África o termo, o coração.

Busco-te como a voz busca a guitarra;
Como a noite estelífera o luar;
Como Jacó à Raquel, e Abraão à Sara.

Nessa busca, meu bem, quero te achar
Enquanto o coração mil vezes pára,
Busco-te... que nem sei mais te buscar!

*****

I
Aurédny do Rosário das Neves Vanduno

Em tantas coisas o sol transforma,
Numa besta sombra, mais humana;
Que grande vida consome e engana
Quando uma luz se forma!

Na trave do tempo, a miúda estação
Brincadeiras de crescer na terra
Plantas e frutos que depois se enterra;
Através das sementes da criação.

É tudo quanto, as chuvas são lágrimas
de terras queimadas que vão para o ar;
E descendo sobre todo vosso lar...

Das montanhas como vossas primas,
Ferem se no rosto de uma tempestade,
E com as águas caídas se faz a amizade.

*****

POR QUÊ TANTO PRANTO NO CANTO DO OLHO?
Octaviano Joba

Tanto pranto no canto do olho.— Cansaço!
Tanto desencanto num pranto só!
Tantos poços.. .! Laço no pescoço.. . !Tanto nó!
Tanto pó, estilhaço, caco.. . ! Tanto bagaço!

A gente sente na mente a corrente

Desse estresse que aquece e enlouquece,
Desvanece e enfraquece a prece
E o amor que outrora fora vivo e quente.

Gente. . .!!! Porque tanto tédio e ódio no peito?!
Tanto tempo tentando atormentar o outro. . .!
Tanto mostro, tanto rosto tostado, coração frouxo!
Tanto desgosto, tanto rosto tosco com gosto ignoto,
Com gosto de esgoto nesta triste foto. . . Rosto roto!
Por quê este leito feito de lágrimas! Tudo desfeito!

Está feito, sim. . . P'ra mim, o jardim virou capim
E o que era Pirlim Pim Pim de tintim por tintim
Agora virou festim de piri-piri, siriri (cupim) e rum tão ruim
Roendo o rim. . . Berbequim nas mãos de Caim,
Enfim, o que era azul, Anjos (Serafim), virou carmim,
E vejo-me, assim, no princípio do precipício, sim,
Chorando todo roxo com a cara inchada.— Fim.

Siriri— [Entomologia] Nome popular em algumas regiões do Brasil dado às formas aladas de cupins, que aparecem em grande quantidade por ocasião da revoada, largando as asas pelo chão.

LÊ-ESTRESSE
Octaviano Joba

O ócio é sócio da preguiça
Preguiça que atiça ou iça
A desgraça saça sem graça...
Traça, não faça fogo ou fumaça
Na nossa praça...! Saciou cachaça?!
Cansamos com caçoada...! Trapaça!
Cansamos com caçada...! Mordaça!
Cansamos com "balançada"...! Murraça!
Cansamos com palhaçada...! Matança!

Justiça dança que dança na balança
Mas balança não é bonança
E bonança não é criança... mudança:
A verdade tem dono? Tem?
Ou é de ninguém?

Passa, traça! Passa!
Que não sou papagaio da sua laia...! Caia!
Passa, traça! passa!
Que, de medo, aqui, ninguém desmaia... Vaia!

Queriam que eu fosse vigoroso corvo
Venerando o vetusto verdugo venenoso...
Queriam que eu fosse parvo corvo
Bebendo aos sorvos o ovo cheio de gema,
Porém, já faz tempo que estou ensopado
Empapado pelos "gordos sapos que engoli..."
Embriagado gado babado pelo futuro que nunca vi...
Vai, tosca mosca! Vai! Que eu já me defini:

Eu sou mais eu(. . .) e eu nunca me vendi!

Não me peçam paciência
Porque tudo explodiu.
Não me peçam eloquência
Porque alguém me cuspiu. . .

E esse alguém relaxa: amêijoa na concha (. . .)
Xis: primeira bolacha última da caixa;
Enquanto eu, coxeando na roça,
De coxa roxa na rocha,
Sem feijão nem carvão,
Sem limão nem pão,
Sem galinha nem farinha,
Sem papinha nem chiguinha
Sem peixe em cash,
Sem arroz nem voz,
Eu, sem cambalacho mortiço,
Atiço às minhas forças para livrar-me da forca. . .
Da fome que me consome. . . e não some!
Mas uma coisa vou dizer, sim
(E sempre pensei nisso):
— Que se lixe o luxo do Chico no lixo!
E, tendo dito assim,
Espero que quem esteja lixado
(Ou linchado) não seja eu, o bicho!
— Mééé! Mééé! Mééé! (Este sou eu, cabrito chorante).
Mas chorar com chocolate no bucho é chilique chique
E "se pique no olho" quem acha que é chocante
A incessante pérola chamada Moçambique.

(A)MANHÃ
Isabel Miguel Dos Santos

Não solta

Prende
suspiros saltitando no fixar
dos olhos

Levando chaves

Prende pegadas em
flagrantes sorrisos
Cultivando sonhos
endeusados
Escritos de seres
inexistentes

S(ó)l
Não solta
Segurando
olhares multantes
transformando cosmos

Libertando
corpos siameses

*****

AMIGO RISO
Isabel Miguel Dos Santos

Já não caminho mais
Linhas traçadas
de sons ecoosos
Jogadas pétalas
concebidas

Caminhos jogados
em poços circulando

Já não caminho mais
Concentrada
sobre olhares perfilados, tom de vozes iguais

Não caminho
Sob o ninho me jogando no centro

Caminha riso de todos
não meu
Eu não caminho
MAS...
És meu amigo
Riso.

*****

POR QUE CAMINHO É DEUS?
Pedro Mayamona

Não tenho vida
Própria
Sou rascunho emprestado ao qual
Quer deus no palácio doutra aberração
Não me reencontro na geografia atirada ao abandono
Desconheço os intestinos da história
Quem é deus?
Se não eu
Erguido nos meus porquês?
Deparo-me num cáustico mar cáustico
Interrogações ao redor
Completam meu percurso

*****

MULHER QUE ME AJUDA MORRER
Pedro Mayamona

Não sei
De que ar te alimentas
Inútil para unir versos
E nutrir o peito
Em dez troços!
Revoada de mal me quer
Ó donzela de carne mal tratada pelo sol do Zango
Devolve o astro a teus olhos
A poeira que calçou meus pés
Até a virgem idade das palavras
...
Tudo por maus lençóis
Dei mão ao barato
Para dilúvio tanto regar meu peito!

*****

MUAMBA IFUTCHI (Muamba de Dendém)
Jorge Brás Lelo Pedro

azeite banha me corpo
entre a terra e os Céus
assim como a corça
de joelhos dobrados
sobre a cabeça óleo d'alegria
Lambila Mu Mazi Kazi Mu Muamba Ifutchi
entre dia e noite
a lua desce com riso

*****

TERNURA DA MADRUGADA
Jorge Brás Lelo Pedro

ponte expoente sombras
uma luz solidão apagão
verde rosa nostalgia
Vuma Va Nfua Mutu Va Nkhondo Mutu Ko
Va Nfua Mutu(onde morrer alguém)

ébria alma
aberta ilha
maravilha...!
abertas maus
caminho da saudade

Vuma Va Nfua Mutu Va Nkhondo Mutu Ko.
Provérbio em Língua Regional Fiote, do povo de Cabinda. Província ao Norte de Angola Tradução literal: Onde estiver a falecer alguém, nunca falta alguém. Lição de moral: Na vida, por mais importante que nos sintamos, precisaremos sempre dos
outros.

Lambila Mu Mazi Kazi Mu Muamba Ifutchi. Tradução literal: Cozinha com a água porque com a muamba haverá perda ou atraso. Lição de moral: Agilize com maior rapidez porque se atrasar perdemos tudo. Fale o que é preciso para salvar a vida de alguém não prolongue.

Leovigildo António
Celestino João Campaxi

Ekuikui,
Katiavala e outros...
De longe,

resquícios da terra martirizada,
untada com os enganos barrigudos
dos que adormecem os sonhos sorridente dos jovens.

Sou-te grato,
terra minha,
por não me haveres negado tua natureza,
Legaram-te a mim
meus ancestrais,
 mas te desconheço os encantos,
ensinaram-me a apreciar o brilho de quem te escureceu as entranhas.
De história?!
Somente o que foi forjado,
cerzido com ranhos de estupidez,
ranhos que anestesiam as mentes,
aparentemente brilhantes.

Sou-te filho,
cheio de vontade de te descobrir
e, quiçá , compor te uma canção

como a de Lando,
teu filho também.
Embarco neste oceano da revolução

e levo comigo as cores do martírio
e o cilício,
aquele mesmo,
que mortificará o meu eu velho,
aquele eu que te desconhece a nudez

*****

NÓS MESMOS
Simeão Davvi

Somos nós mesmos!
negros ou brancos, mestiços ou mulatos...
Sem distinção da pelée
somos nós mesmos, Mwangolée.
Somos nós, angolanos
sem sicranos e fulanos... apenas nós mesmos
filhos desta terra.
Somos nós,os próprios conterras.
Nós mesmos... de Sul a Norte
Este a Oeste
somos nós, sem aquele ou este.
Apenas nós, ontem e agora...
Nós mesmos, Njinga e Ngola.

*****

Materno Mar
Rodolfo Plaina Cachumbo Gando

Em teu fundo, frio e escuro recesso
em tua distância além do horizonte
em teu bravo rugido quando em fúria
em teus contornos nunca divisáveis
em tudo que és tu sei que reside
desde que o homem era apenas sonho
que Deus na solidão mal decifrava
sei que reside a luz que tudo aclara.

Está nas mitologias e ciências
criadas, descobertas, reveladas
nas inscrições na história hoje perdidas
nas lendas desde séculos contadas
cujos ecos, embora fragmentários
ainda soam em nossos ouvidos.

Nas coisas que preencheram o vazio
quando Deus disse as primeiras palavras
sei que reside a luz que tudo causa;
No embrião que gesta o ventre fêmeo
antes de revelá-lo à luzes claras
sei que reside a luz que tudo causa;
Na flora que a natureza engendra
e alimárias que cercam mata escura
sei que reside a luz que tudo causa.

Por Tales o milésio suspeitada
por uns retida e outros olvidada
quem negará a verdade aludida
por essas linhas mal elaboradas:

que o mar é quem nasceu todas as vidas?
Que é o mar, a água, a luz que tudo causa?
que é o mar, a água, a luz que tudo aclara?
que a própria vida é luz e a luz aclara?
que o mar explica tudo sobre a vida

*****

Homenagem a Borges
Rodolfo Plaina Cachumbo Gando

No primeiro carácter do fenício
que inventou o alfabeto
alguns dizem que já estava escrito
extemporaneamente
a trajectória de um cego argentino
que entrou num labirinto
que correu até cruzar com seu reflexo
e a este outro ele questionou perplexo
qual dos dois era o genuíno.
Ao que o outro respondeu:
"Também meu nome é Borges como o teu
e esse trajecto há muito tempo faço
também pergunto a outros meus reflexos
o que tu me perguntas
e essa é a resposta:
somos os dois reflexos de uma sombra
cujos ossos há séculos descansam
mas que por obstinada
a vida ela não larga".
O carácter é inda indecifrável
porque ele nem existe
e a história que conto
é apenas uma predição provável
no remontado e místico oriente
Que a Jorge Luis Borges maravilhava

*****

Quem sabe...
Mivalda Moisés José

Ouvir a voz da formiga
Ter a velocidade da tartaruga
No falar
No agir
Quem sabe.

Sorrir com lágrimas
Abraçar com espinhos
Sentir e não dizer
Quem sabe

Olhar até às moléculas
Ir e ficar no mesmo lugar
Sem instantes
Sem tempo
Apenas um viver e ser

Pára o relógio
Começa a corrida
Sem ida
Apenas fica.

*****

Desabrochar
Mivalda Moisés José

fúnebre suspiro
ansiando fim
fadiga do interior pérfido

Submeter-me às cinzas
minha alma precisa
Cheirar a pó,
relembrar origens

Desabrochar lentamente
Deixar os espinhos no lugar dos espinhos
Resguardar o afável de algumas pétalas
Que abra o sol,
não há temor do calor

venha tempestade com salpicos de solidão
Coloquei fora as papeladas
Molha tudo,
vazios nos papéis cheios de escritos
que um dia tinham sentido.

*****

A pátria é dedo
Ernesto Daniel

A pátria é dedo
morre connosco nas mãos
insígnia do belo
na versificada bandeira

É dedo tatuado
nas sanguinárias escadas
degrau a degrau
sobe desce num ondulado paralelo amor

Pólvora de lágrimas
na derrota da morte
sol de siameses braços
no poente da cegueira
dedos mistérios e voos...

É ngoma
morre connosco qual chilreio
na garganta dàve

Se esgota no amor
que se não esgota

*****

Bate bate
Ernesto Daniel

Como folhas no temporal de Abril
ou como cordas nos joelhos dàve

Iniciação primeira do verbo voar
tónica sílaba no esforço das asas

Suor de campo no cultivo dos céus

Bate bate

Onomatopaica fertilidade
como quem sente a divina lua
empurrar deus no princípio
da criação

Bate bate

Céus de montanhas de céus
asfixiando livre voo do verso

*****

A SOM E A SOL UMA PASSAGEM DE CULTOS
Ema Nzadi

casquemos a pedra
e sirvamos as surdinas como tumba

e toda noite servirá de tumultos
para se orientar a escuridão
no batuque que quer curar o parto

*****

PROCISSÃO TIPOLÓGICA
Ema Nzadi

ku mambu
mpovi nzito

ku nlangu
kiozi mkanu

levantemo-nos ordeiramente
para que não vista o deserto a praga

nem mesmo a sombra
os homens cansarão… tu lumuka!

ku nlangu
kiozi mkanu

*****

AZUL
Ester Diahoha

Costumava ser azul
Sobre o quadro cinza desenhei
Uma noite de estrelas amarelas
Quando o coração ainda era
Melodia e canção

Sobre o tempo corríamos
Vagando pelos campos de milho
O sol dourado
Costumava ser azul
Intenso e repleto

De flores de agrião
O ponto de partida
Donde voavam sonhos nos
Corações
E batiam

Escrevi para mim
Sobre ti
Sobre o que sabia

Confiar em memórias
Quando murchasse o rosto
Qual flor
Azul
Como o céu
Tu
*****

Depois do mar, o mergulho cultural
Hélder Simbad

altiva deixas cair o corpo
contigo o provérbio do atlântico
no luando das constelações
o idioma de uma noite estrelada
e uma lua cheia de fuba de bombó

vês? este atado de bordões é sona
fios de bambu: a história trançada com bordões

na subterrânea fenda do oceano a cabeça
espectral combustão aquática de peixes
em águas extintas ondulam os idealistas
filosofia vegetal na carnificina da mátria

com varas de multiplicar resistências
remas contra a corrente da subnutrição
por cima ébrio o voo em alvoroço
a inerte sombra do tempo: camaleónica terra da gente
leio na presente página um tratado filossombrio
onde futuro é carroça e o passado cavalo
"sorte de uns é azar de outros"

*****

Kalumbo
Hélder Simbad

registo amarga ausência dos Kwanzas
medindo Kwanza na poesia: andrajoso olhar
sedução de cacuços no balde da sorte

náufrago à deriva no capitalismo-socialista
ancoro na ilha do afastado olhar da canoa

lá audaz à remo o rio o rapaz corta
até liquefeito consumido ser pela boca do horizonte

prendadas esposas das roupas expurgam
a sujidade sobre a dureza das pedras
emerge a roupa do rio com chuva na bainha
rixa de braços no espremer da vida
vestem-se então as pedras quais crentes em assembleia

do lado esquerdo está a lua
os prazeres da carne nas barracas
polpas de mulheres entre as cortinas de fumo
mais parecem garoupas os cachuchos sorrindo-me na grelha
atravessam a corrente fria da constipação gasosos peixes
na outra margem o receptáculo das súplicas
Mamã Muxima sob olhar Medusa
catolicismo e africanismo nos joelhos rastejantes
" sincretismo é oiro para uns, é areia para outros"
*****

ELES SABEM!?
Afonso Kudissadila

Sabem da Bomba lançada,
que fez a guerra findada
com mortos deixados
num país com escombros!?

Choro cantando
a música de dor
dos muitos enganados
vivendo em dor.

Onde estaria
o grande causador?
Saberia ele
dessa minha dor?

Saberia ele
do que sinto,
e que suas acções
é-me absinto.

Metralhadora comprada,
vidas coitadas
oferecidas a morte
sem salario da sorte.

Saberiam os líderes,
dos órfãos chorando,
dos sonhos matados
e dos danos causados?

Saberiam eles,
o cheiro do medo,
a corrida do aleijado

e o morto abandonado?

Conhecem eles a dor
da velha que enterra
os jovens mortos dela
vitimados pela guerra?

Sabiam eles isso!?
A dor, o medo, negro
infelizes no seu coração
chorando por sofrer má ação.

Sabem eles do âmago
causado pela solidão
de enterrar um amigo
morto de guerra, na acção!?

*****

MARCAS DO SÉCULO XX
Afonso Kudissadila

A maior arma dos colonos
Não foi o poderio militar
Todavia,
Foi um sentimento de centopeia
Transmitida pelo veneno da política sem par
Com objectivos de criar no coração dos Africanos
 Combustões de ódios com tantas pernas.

O coração de África foi atingido
Com a munição do preconceito,
Prendida nos arames farpados da escravidão,
E todos os seus filhos,
Nasciam com a mesma maldição.

*****

RAZÕES PARA VIVER & PARA MORRER
Armando Botelho

da vida
(re)tirei casca dos olhos
com que abraçava
noites húmidas
espirrei recolher madrugadas
quebrei caverna onde
amputavam amarelas asas
em baixa dor pintei-me
no chão paraíso
abordam dedos meus chuva
a cor rentada em gavetas
contam-me rios meus pulmões
alimento-os idade janeiro
contam-me rios meus pulmões
alimentam-me fôlego cinza

*****

SENTI MENTALISTA(S) GLORIOSO(S)
Armando Botelho

senti largada a trazer violino
desenhei nos braços narrativa
dos desejos
é prosa a saudar meus pulmões
batuques descrevem
limite humano
ouço instante a conjugar existência
do xadrez no pretérito perfeito
quantos vulcões se endurecem
quando tem cores o vento?
quantas pedras se levantam
quando não narra mentalismo
apenas rosas na prosa?
não mais me divorcio
da gramática do tempo
tempo é mulher com
mil maços no corpo
prefiro exercitar sua voz
reinventar em cada
horizonte o instante

*****

HOMEN
Destino Ventura

Crianças
só passam e passam
mulheres passam
de volta trazem crocodilos

o rio também passa
passa nova mente passando
almas
vazios

passa pelo tempo parado
a ver nosso rio que não passa
sagrado lugar
não canta graças às suas pedras

transpassa

quem o rio espera voltar à nascente
para trazer sereias?

*****

FONTE
Destino Ventura

Vida é caminho que se repete
atender o último suspiro
caminho de translação alma faz
nascer no céu da boca parede é corpo

na nocturna construção
chão vida milenar nas correntezas deste corpo
cheira a flor
agridoce sabor do choro
                    [muntu[1]

mulher é infinita mãe
com semente no ventre é pessoa
ressuscita descendentes.

*****

---
[1] Pessoa

Nas pegadas do pássaro
Dnaffe Medina

na aberta perna do tempo
passado (f)olhar. vento.
e tu, ó Ntoyo pintado Nzadi

lungwila jinkau céu paraíso

eis que das pegadas nasce
o belo que se abre ao estigma
gigantesca formiga mu tadi ya nkixi
gigante és cá ó rico pardal

do bico teu voam cantos nsela
vestes espíritos deuses de criação !
entoam ainda hinos traduzindo paz
tais marcas assim indeléveis

*****

Dimoyo
Dnaffe Medina

MOYO,
que dedos brotassem-me paz
fosse mundo um ninho
recolhido sobre meus pés

fosse o mundo feito de cantos
era eu a canção dos tempos.
pegar terra em céu meu
negrume voo canções do vazio

eu o pássaro em mim
MOYO,
que dedos brotassem-me eterna idade

*****

Magras silhuetas
Hélder Simbad

lado a lado
com pesados fardos nas cabeças
panos de ramos de palmeira: as duas

reconheces ó poeta: banheiras cor de milho
nas meias luas das mãos feito batuque
até serem engolidas pela serpente do horizonte
até perderem suas magras silhuetas
no temporal de poeira do Calemba-2

gira descontrolada roda da vida: engenharia à Luanda
inertes seguem acelerados caminhões
sob o nublado céu de fumo de borracha
seguem massacrando restinhos de asfaltos
ganhos dos fins riachos de água preta
plásticos papelões e comeres
da guerra civil resta
só o infindo tráfego de seres
mayombola par(a)lamentar
num vai e vem tipo feitiço chê!
– Mana Belita, boa zunga,yá!
– Mãe Cati, Deus te ouve só!

*****

Meu Coração é sua Praça
Hélder Simbad

eu digo que vermelho é uma cor muito verde.
digo que o amor acontece precoce.
que os homens desconhecem o canto da zunga.
não traduzo encanto ,
as aves secretas engaioladas no poema
não as liberto; não derrubo árvores.
matar animais no Mayombe da linguagem
ou pô-los uns contra os outros:
advérbios degolando adjectivos,
substantivos carnívoros e verbos irregulares,
por fim, o caos, o abismo
ou o caótico circular dos objectos,
a zunga na hora da corrida.
eu digo porras. porque o verbo é automático e imita.
e a mulher se detém na cama libertando
vagipássaro húmido. Vês esse leopardo?
apenas palavra, leopardo é.
porque os dentes das palavras afiam-se secretamente.
aquela zungueira acontecia em mim como um raio.
de que cor é o sangue vermelho

o mercúrio escorrendo pelas veias
a lua de sangue o deus vermelho de que cor é
a desorientadora amarela estrela guia
eu digo que a amo que
o meu coração é sua praça os bairros da capital
e o poema se enche de orquídeas.

*****

Bolo em Fatias
Hélder Simbad

na líquida estrada violeta termina o olhar
nem americanos nem lusitanos
navios pesqueiros asiáticos e russos

redefinição da rota da conferência de Berlim
sob o cúmplice olhar de Jack Chan e Maiakovisc
arrastão: um cardume de intenções na rede do verso

toma esta faca: disse
vês este bolo? Perguntou
é um país. ponto final.
sobre o resto todos falam na zunga

*****

Delírios no pulmão da noite
(Alias ou aluas?)
Henriques Fortuna

Veio à socapa, com toda fauna nos lábios,
o riso de palanca atracado na face
disposta a pastar no parque em mim:
— dizem que tens poderes especiais.
Sim, dizem que os tenho.
— como fazes?
Bem! Não sei.
— também já não importa como fazes,
convém não importar, convém exportar.
Por que me endagas?
— ora, vim até ti porque assaltou-me o desespero.
Que há contigo?
— é que o meu mundo ficou sem fôlego,
deixei-me levar, a certa altura,
 pela sedução dos manjares espirituais e transcendentais que...
Quê?
— até agora, não sei por quais corremões me guiar.
Não entendo.
— é que deixei o pulmão em Marte
o coração em Júpiter e a mente na Lua.
Sou lunática de pedra, de mármore a transbordar.
Prova.
— gostaria que me viesses, de queijo e faca e eu de pão e cereja,
faremos estrada no atalho onde se perdem deuses, ou então com o
teu apito afinado pões-me na boca o som do carnaval. Depois, cada
foz a atravessar o chão do lume, inunda a noite (de)lírios no pulmão
cheio de nós. Ou, ainda, descemos até ao rio onde naufragam heróis,
banhamo-nos de lua, botamos remos, velejamos aluados como quem
busca rumo em meio ao tempo sem leme, porque te espero ansiosa
no espaço sideral de mim.

Lunática comiseração
Henriques Fortuna

Dizem que as palmeiras têm voz
quem põe voz salgada na sopa do choro
mal cura a dor do rio
que trespassa a alma embargada
como faz a fauna ao dar flores
entre brocados e escombros dormentes
em subsolos de paz e gritos por pão.

Nada vem ao teu encontro
quando as raízes das lages no teu ombro
põem dó nas notas do teu choro abominado
e gora que as mãos vão com vento
que tal deixar-me ficar no tempo
à beira das tuas lágrimas caudalosas
e amparar a alma nos teus olhos?!

Que tal deixar-me florescer
atrás das sobrancelhas, ficar disfarçado
camuflar-me entre as paredes que te aprisionam
e outorgar-te sorrisos frondosos?!
Que tal as rosas, que tal os lírios,
que tal a luz entretida
na manhã da tuas dores encubadas
que tal os sonhos que ficaram em litígios?!

*****

Rugas no Sol
Isabel Sango

Sofreu com a vida
afogou-se n'amargura
achou que tudo sabia
 peito revestiu com armadura

Tempo passeou
Juventude se esgotou
O prazer adormeceu

Derme virou manchete
Rugas no sol estampados
Tinha sapatos interessados
á todos rejeitava

Mão na cabeça, seu eu soubesse a visita
O que sobrou dela?
Nem ela sabia...

*****

Uigense
Isabel Sango

Sou de lá..
Da terra abatida e vermelha
Do capim sofrido
Onde o bago vermelho
no leite é corrompido

De lá, onde houve matanças
Irmãos de terra, inimigos-políticos
Prometendo mudanças
Deixando cravos paralíticos

Maquelense de raiz
Do caule disperso em Mavaio
Entre o Kuilo e o kibokolo
Alquimia do amor, no interior dos ascendentes.

Vim do kikongo
Etu mu Yetu
Mono Nzeye Nvova kikongo

Sou fruto Bangu
Sou Áfrika, Afrikana
Respiro a independência
de nacionalidade, N'gola.

*****

Intensa Paixão
Isabel Sango

Doce fraqueza
Atraída pelo andar da lua
Vento cantarolava
Na mudez da noite

Frio tenebroso
Lençóis mastigados
Azul Rosa
Estrelando filme de delírios

Solidão esfaqueada
Palavras soltas
Água descendo das pedras
Terramoto sobre 4 patas

Tempo perdeu-se
De minutos em segundos
a Consumação.

*****

A cada minuto
João Horácio Alexandrino

Tem gente que
Se sente perdido,
Que não se entende,
E que não sente-se vivo.

A cada minuto
Tem gente tornando-se
Vítima do mundo,

A cada minuto
Tem gente que
Não sabe o significado
De amar, e faz do amor
Seu passa tempo

A cada minuto tem
Gente que vive em tristeza,
Tão triste é a vida,
Tão triste é as pessoas
Que vivem nela

A cada minuto
Me vejo dando voltas,
Dou tantas voltas,
Tantas voltas dou,
Mas não sei por onde
Vou.

*****

Sou uma criança perdida
João Horácio Alexandrino

Sou uma criança que chora
Alegremente sem parar,
Que chora por não ter
Ninguém a sua volta,
Sou uma criança
Que chora sem pai sem mãe,

 Sou uma
Criança que vive debaixo de um viaduto,
Sinto que tanto sinto a proeza do vento
Em todo meu corpo,
Deito-me ao chão, vejo faróis dos carros
Iluminando-me como o brilho das
Estrelas sinto todo cheiro do alcatrão grudado
Em meu nariz cheio de ciliado,

Sou uma criança perdida no mundo,
Talvez nunca achada no mundo, estou
Esquecido há tanto tempo, há tanto tempo
Que não sei, que não sei por onde ir, vivo sem
Paixão, quando levanto os meus olhos para que
Possa ver o mundo sinto que não há compaixão
Neste mundo, sinto medo de pedir ajuda,
As pessoas que passam, o tempo inteiro
São mais tristes que eu,
Sou está criança que mora na escuridão,
Que vive temendo a luz, eu sou essa criança
Que não sabe, o deve fazer com a vida,
Eu sou essa criança que vive aprendendo na
Escola da vida e não nessas escolas privadas
 E públicas,

Sou essa criança que acorda sem propósito,
Vive nos confortos dos sonhos,

Que sonha em ser tudo, mas que sabe
Que não dá para ser tudo e não ter
Tudo, tudo é um grande vazio e tudo não existe

Sou essa criança que escreve este poema,
Que escreve esta brutalidade de vida,
Que chora por tanto viver que grita por
Tanto silêncio, que morre de tanta solidão,
Sou essa criança que vive em mim e que
Vive no mundo.

*****

Muro que há por detrás do mundo
João Horácio Alexandrino

Tentei saltar os muros que há no mundo,
Que sempre me avistei em cada parede
De minha alma, paredes feita a mãos e de barros
 E água do rio,

Simplesmente nunca cheguei a saltar,
Os muros que há no mundo, pois, a solidão
Derruba um pedaço da alma, vivo sem alma,

Só um pobre que anda por aí, confesso com
Toda pureza que não sei quem sou, só sei que ando
Por aí, talvez procurando um milagre para
Fazendo de mim, corajoso, forte nas horas
De tribulação,

 É tão triste quando alguém
Perde sua vida tentando
Fazer seus sonhos tornando em realidade,
Por isso, estou aqui, andando e imaginando
E tentando perceber a vida de todos
Os modos.

*****

Guardiã da vida
Khilson Khalunga

5:30
corpo é cova
sepultando passos. voz
e canções. neste peito caminho dàlgodão

8 às 12
grito azul-de-fogo-sepultura
que se ergue nos pés. derivados
verbos do medo que se abri em mim
semântica do silêncio é caminho da morte.
— há em mim cova que me cobre o corpo

18:30
desfaço-me: corpo gaveta. guarda fogo
guarda corrida. guarda pão
que fecha barrigas às pressas da noite.

*****

plano eleito oral
Khilson Khalunga

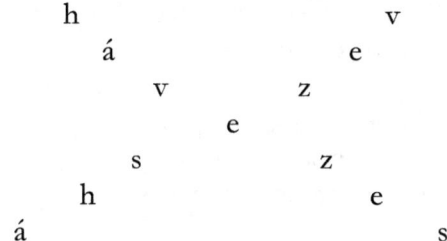

as eleições enchem-nos a barriga

*****

ESQUIZOFRÊNICO TEMPO II
Luís Kapemba

Há um tilintar no altar das pragas
constantemente ressonando
cardumes de dívidas mal pagas
&
Neste altar o sortilégio d'um cordeiro negro
destilando fel nos sacrifícios dos obreiros
&
Manicômios cabendo nos dedos clérigos
psiquiatrias desenhando pegadas santas
fedendo a estercos de incompletos versos!

*****

DUAS PALMAS DE PURGATÓRIO
Luís Kapemba

Se saio o verde dos meus braços
abraço azuis capins de asfaltos
                         há braços!

quarenta dias de mar e mo(r)to
em duas palmas de purgatório.
nas ave(i)s,
Marias em sonoplastia
e santuários à berlinda

Se acendo
o verde dos meus braços
abraço azuis capins e asfaltos
quarenta sois de mar e mo(r)to
em duas palmas de purgatório
                         Rhumm!

*****

BICHINHOS NA PRAIA
Maria Manuel Menezes

Besouros serram a madeira em arcos,
zunem barulhentos, pequenos, poderosos.
No jango abrem galerias e marcos,
a rainha aguarda, não tolera ociosos...

Pujante alardear de pássaro vaidoso!
Réplica longínqua noutro timbre qualquer...
Será chamamento de pardal caprichoso?
Flamejante namorico de um bem -me- quer?

Porcinos aclimatados a mangas
deambulam na fauna da baixa-mar.
Procuram espertos, as bivalves mabangas,
como a natureza os fez adaptar!

Brancas gaivotas se bamboleiam
bicando no baixio víveres distraídos.
Ao sol poente, nos voos se volteiam,
em coro afinado seus sons unidos.

Pequenos morcegos, temíveis noctívagos!
na fama se apressam para nos endoidecer.
Rasantes voos invisuais e vagos,
guinchos estranhos a corresponder.
Besouro, pardal, porco, gaivota, morcego!
Feiosos, simpáticos ou não!
Procuram sombra, talvez um chamego...
Na natureza longe de confusão.

ZUNGUEIRAS "NO" MUSSULO
Maria Manuel Menezes

Andam duas, três ou quatro, com ar jocoso,
passo ligeiro pela areia do mar.
As cores balançam no gingar airoso,
tagarelas oferecem preço a cativar.

Agitam o rolo de roupa colorido:
Panos, túnicas, saias, calças...
Um arco-íris ao vento corrido!
- Amiga, olha os vestidos sem alças!

Com a conversa do preço falada,
levo uma peça pela vaidade ou pelo coração.
Delas foi na zunga a jornada,
cedo saíram para ganhar o pão!

Com firmeza e esperança na postura,
para revigorar ... uma água na esteira.
Trouxas na cabeça na faina que é dura,
é mulher corajosa esta mulher zungueira!

Menos pesadas e antes da visita da lua,
apressam os passos sacudindo as cores.
Chegam cansadas do mar e da rua,
em casa aguardam-nas os seus amores.

*****

NÃO AO RACISMO
Maria Manuel Menezes

- "Seu"…
- Seu quê?
O primeiro cisco, depois um golpe.
Na mente um belisco, ecos e contragolpe.
- Seu...?
Tanta ignorância da humana lama!
Cicatriz cerebral de ferida na alma!
Venham falas vivas em cada boca,
informe-se qualquer cabeça oca!
Um som de trovão venha e *ionize* - Ligue o mundo!
- "Os cabelos de enrolados fios, dos filhos na casa do rei Sol,
são queratina dos átomos de enxofre, permissão do pai Sol".
Um vírus falante venha e escolarize o mundo!
- "A pele escura dos trópicos ou das elevadas altitudes, é escurecida por pigmento não branco,
fazendo frente a raios ultravioletas causadores de cancro ".
Um nevão surja, e lave infecta mente!
- "Tem beleza, sabedoria e ciência, o ser diferente! "
É preciso usar amor e racionalidade,
saber aceitar e não ser indiferente.
Recusar a vida com racismo,
lutar sim pelo humanismo.

*****

VAZIO
Mwene XI

Infinitos silêncios
Pazes, tréguas
Pactos imbuídos
De desapegos
Não quero novos começos
Esse é o meu fim
O vazio é tudo para mim
É de lá que vim
É aconchegante,
Despreocupante
Perfeito para alma errante
Espírito galopante
Faz do Prado seu harém
Um jogo que convém
É impotente a existência
Sem rédeas
Então o vazio convém.

*****

ÁFRICA ERRANTE
Mwene XI

Espinho pelo caminho
Machuca os pés
Um passo de cada vez
E alcanço a sensatez
Não estou sozinho
Tenho-vos comigo
Oh, espíritos do além

Ancestralidade triunfante
Em prol da África querida,
Ferida,
Dividida, desfolhada.
Concebida
Dá luz a uma geração sem norte
Outro ora forte
Hoje abandonada a sua sorte
Devorada por abutres
Que prometeram suporte
Essa é a África errante
Caminhando ao abate

*****

MENTE
Mwene XI

Ausente do presente
Oh mente!
Que tal desfrutares do agora?
Olha o dia lindo lá fora
A fauna da cidade e a flora
Curta a savana
Solta o espírito animal
O banheiro é uma sauna
A chuva a fonte termal
Faz mais sentido
O futuro hipotético?
Ou reviver o passado enterrado?
Es transcendente,
Desafias o tecido espaço-tempo?
Viver o passado,
Presente e futuro ao mesmo tempo
É um furo do roteiro, tiro no próprio pé
Ore mar contra a maré

*****

NÃO JAMAIS
Ntony Kunsevi

Não Jamais
saberei dizer
do teu peito cacheado
dos teus lábios flamejantes
dos teus olhos esverdeados
irmã gémea da felicidade
congregadora de
gémeas de gazelas desavindas
silhueta de curvas perigosas

Não Jamais
saberei dizer
ao desfiar a tua nudez
ao vestir-te da brisa leve da prima vera

Um adorno de pétalas solares
Um jardim nos confins da alvorada
Um raiar de amor
Ao serpentear a brisa

Não jamais
saberei dizer
dos intangíveis lábios teus
da audácia na fragrância
do aroma da elegância
dos teus beijos soltos em prefácio de amor

*****

MISTÉRIO
Ntony Kunsevi

Nojenta e infortunada
andas de pernas bambas
odeio-te de todas as formas

Silhueta diabólica com todos os contornos
armada em mais bela das mulheres
beleza inebriante, cheiro de ilusão
és delírio sem fim
símbolo da perdição

Como ousas infernizar a paixão
oasiana sem consolo nem fonte de agua
mal amada e desdita
obra prima de diabo

Tenebrosa tentadora
exaltas a tua beleza

Amiga venenosa da serpente
mil e uma irrealizações
ornamentas sobre o barro de desespero

Sua bunda que abundas
ungida de lágrimas douradas
afugenta almas
não minto
gemes no canto de paraíso
armada em musa, sua medusa.

*****

QUARENTONA
Ntony Kunsevi

Ginga com vaidade
neste vaivém da tua idade
move como nzinga
a tua silhueta ondular
invoca com a tua voz
a sabedoria do mpovi

Quarentona
com expressão de menina
longas ancas esculpidas
trilogia estética
em uníssono peitoral
portadora de lábios milagrosos
seiva refinada de prazer brotar

Dia amante bruto
esculpido corpo
pelagem
tecida de algodão solar

Moldagem de deusa
afeição facial
um adorno luminoso
fogo vivo
ar dente
cristal
lina deusa de fogo
fogo dos artifícios
voluptuosos

Tetas erectos
na horizontal corpo
Esbelta estrela
de mimos celestiais.

AR TE FILOSOFANDO
Satchonga Tchiwale

Não precisa, o poema ser político
a fome dizer ao poeta, basta!
os versos por si só comentam
para tal, se o político faz poemas
o poeta canta a liberdade
o país vive contente

*****

RUPTURA AOS PATRIOTAS
Satchonga Tchiwale

Nascem ideologias, a pedra
ou quão bom é o político
que se despe das injúrias
que do povo emana satisfação
ao nascer como pessoa
nascem os sonhadores
(…) uma vez ideo-legistas
um autentico filósofo.

*****

RUPTURA AOS GOVERNANTES
Satchonga Tchiwale

Quando se vive do povo, a progressão
em meio pleito oral, a mente um livro se torna
desce a progressão, governo, povo, voto
ironia do sábio, com diplomas se torna deus
sábio que é, mais uma vez opressor, o inverso
voto, povo, governo, até os deuses festejarem

*****

LABIRINTO
Simão Nzombo Antônio

Se fez questão esperar
tão sombrio a razão que partiu
incógnitas na lentidão
e a pressa que não alcança!
procuramo-nos na história da mesma geografia
movidos para o hall da festa
um co(r)po cruzando o itinerário
um conhecido desconhecido no se não
e
Louco movo-se a alcateia entre rebanhos
na fanfarra surdida
onde ki-zomba à surdina
não me desfiz da caravana
quem me encontrar, me acha

*****

SERENATA ANORGÁSMICA
Simão Nzombo Antônio

Esculpir sobre a língua o falo
tecer a fala-anciã de karma
ao desnudar a mu(Lemba)
esculpir os poetas de poesia taciturna
a prosa é um pano quente
que queima á quente frias memorias
esculpir os poetas imberbes
a bacia revirando a cidade
o beberão na volúpia
e todas putas tristes
não há orgasmos
sem preliminares

*****

Lweji
Vítor Ricardo

Belisco a macula da criação
Detalhe por detalhe
Alternando a cadência
Ora predador, ora presa

Arrefeço o calor diário
Nas trincheiras do seu Atlântico
Entre os relevos da sua formosura
Elevo-me a um ser superior

Deixo os ponteiros do meu relógio brincar
O seu tic tac ecoar
Com o mais macio dos pinceis, pinto as suas loucuras
Ela, musa
Eu, Picasso ou Picatchu!

O seu olhar criptografado
Um abajur mitológico
Traz infernos, soluços, canções
A medida que sigo dedilhando cada fragmento seu

*****

Mulemba solitária
Vítor Ricardo

Sinto saudade dos passeios
Do grito da noite
Dos embriagados
Que já cantaram aqui, as suas maiores decepções

Só ficou um vento teimoso e solitário
Que vive a minha volta
A tentar entender a dúvida que a vida deixou

A mulemba solitária que aqui ficou
Tem medo do tempo e dorme amargurada
Sem ninguém para lhe aquecer nas noites de cacimbo

Vento, venta-me devagar
Velha que sou
Solitária que sou
Temo não poder ver, outros amores a viver aqui
Os seus melhores dias

*****

Mmap New African Poets Series

If you have enjoyed *ANTOLOGIA DOS MELHORES "NOVOS" POETAS AFRICANOS 10° Aniversário: Poetas Africanos Da Língua Portuguesa Selecionados*, consider these other fine books in the Mmap New African Poets Series from *Mwanaka Media and Publishing*:

I Threw a Star in a Wine Glass by Fethi Sassi
Best New African Poets 2017 Anthology by Tendai R Mwanaka and Daniel Da Purificacao
Logbook Written by a Drifter by Tendai Rinos Mwanaka
Mad Bob Republic: Bloodlines, Bile and a Crying Child by Tendai Rinos Mwanaka
Zimbolicious Poetry Vol 1 by Tendai R Mwanaka and Edward Dzonze
Zimbolicious Poetry Vol 2 by Tendai R Mwanaka and Edward Dzonze
Zimbolicious: An Anthology of Zimbabwean Literature and Arts, Vol 3 by Tendai Mwanaka
Under The Steel Yoke by Jabulani Mzinyathi
Fly in a Beehive by Thato Tshukudu
Bounding for Light by Richard Mbuthia
Sentiments by Jackson Matimba
Best New African Poets 2018 Anthology by Tendai R Mwanaka and Nsah Mala
Words That Matter by Gerry Sikazwe
The Ungendered by Delia Watterson
Ghetto Symphony by Mandla Mavolwane
Sky for a Foreign Bird by Fethi Sassi
A Portrait of Defiance by Tendai Rinos Mwanaka
Zimbolicious: An Anthology of Zimbabwean Literature and Arts, Vol 4 by Tendai Mwanaka and Jabulani Mzinyathi
When Escape Becomes the only Lover by Tendai R Mwanaka
وبس هر الليل في شفتي...ولَعْمَام by Fethi Sassi
A Letter to the President by Mbizo Chirasha
This is not a poem by Richard Inya
Pressed flowers by John Eppel

Righteous Indignation by Jabulani Mzinyathi:
Blooming Cactus by Mikateko Mbambo
Rhythm of Life by Olivia Ngozi Osouha
Travellers Gather Dust and Lust by Gabriel Awuah Mainoo
Chitungwiza Mushamukuru: An Anthology from Zimbabwe's Biggest Ghetto Town by Tendai Rinos Mwanaka
Zimbolicious: An Anthology of Zimbabwean Literature and Arts, Vol 5 by Tendai Mwanaka
Because Sadness is Beautiful? by Tanaka Chidora
Of Fresh Bloom and Smoke by Abigail George
Shades of Black by Edward Dzonze
Best New African Poets 2020 Anthology by Tendai Rinos Mwanaka, Lorna Telma Zita and Balddine Moussa
This Body is an Empty Vessel by Beaton Galafa
Between Places by Tendai Rinos Mwanaka
Best New African Poets 2021 Anthology by Tendai Rinos Mwanaka, Lorna Telma Zita and Balddine Moussa
Zimbolicious: An Anthology of Zimbabwean Literature and Arts, Vol 6 by Tendai Mwanaka and Chenjerai Mhondera
A Matter of Inclusion by Chad Norman
Keeping the Sun Secret by Mariel Awendit
ه ڪتَوبڪتَى سجل by Tendai Rinos Mwanaka
Ghetto Blues by Tendai Rinos Mwanaka
Zimbolicious: An Anthology of Zimbabwean Literature and Arts, Vol 7 by Tendai Rinos Mwanaka and Tanaka Chidora
Best New African Poets 2022 Anthology by Tendai Rinos Mwanaka and Helder Simbad
Dark Lines of History by Sithembele Isaac Xhegwana
a sky is falling by Nica Cornell
Death of a Statue by Samuel Chuma
Along the way by Jabulani Mzinyathi
Strides of Hope by Tawanda Chigavazira
Young Galaxies by Abigail George
Coming of Age by Gift Sakirai
Mother's Kitchen and Other Places by Antreka. M. Tladi
Best New African Poets 2023 Anthology by Tendai Rinos Mwanaka, Helder Simbad and Gerald Mpesse

Zimbolicious Anthology Vol 8 by Tendai Rinos Mwanaka and Mathew T Chikono
Broken Maps by Riak Marial Riak
Formless by Raïs Neza Boneza
Of poets, gods, ghosts. Irritants and storytellers by Tendai Rinos Mwanaka
Ethiopian Aliens by Clersidia Nzorozwa
In The Inferno by Jabulani Mzinyathi
Who Told You To Be God by Mariel Awendit
Nobody Loves Me by Abigail
The Stories of our Stories by Nkwazi Mhango
Nhorido by Siphosami Ndlovu and Tinashe Chikumbo
Best New African Poets 10th Anniversary: Selected English African Poets by Tendai Rinos Mwanaka
Best New African Poets 10th Anniversary: Interviews and Reviews of African Poets by Tendai Rinos Mwanaka
Best New African Poets 10th Anniversary: African Languages and Collaborations by Tendai Rinos Mwanaka